녹록지 않은 삶에게 보내는 유쾌한 긍정

예, 하겠습니다

김명숙 산문집

작가의 말

오늘도 꽃 한 송이 심겠습니다

 삶이 제법 요란하다. 죽었다 살아오고 휘적거리며 넘어지고. 내 앞에 놓여있던 수많은 웅덩이들. 훌쩍 건너뛰면 후련하고, 때로는 아쉬워도 그러려니 한다. 만만치 않던 삶, 어루고 달래며 사알살 응하다가 때로는 '맞배지기' 씨름 한판 시원하게 붙는다.

 세찬 운명에게 마주서서 물었다, 어떤 길을 가야 되는지. 눈물 훔치며 대들다가 눈물 마르기도 전에 웃다가. 어떤 일은 미련 없이 시원하게 떨쳐버린다. 그래야만 다른 일에 쓸 '나'를 아껴둘 수 있다. 기왕 살 것이면, 세월 삭힌 인생을 양념 삼아 맛깔나게 살고 싶다.

 모세의 바다, 보물창고만 기적이 아니다. 누구는 두

다리로 걷는 것이 기적이라 했다. 나 역시 두 눈으로 볼 수 있고, 내일도 살아있을 예정이다. 나의 사소한 일이 누군가에게는 기적이 된다. 나는 늘 기적을 본다. 겸허한 소원이면 늘 기적 투성이 날이 되고, 구부러진 산길을 스렁스렁 산책하기. 이만하면 괜찮은 삶이다

하늘의 별이 된 엄마, 따스한 이웃을 소환하니 한 권의 긍정이 된다. 인생골 모롱이마다 꽃으로 피어준 그대. 덕분에 재미있는 생이었다. 덜커덕 걸린 순간, 다리 둥둥 매고 씩씩하게 넘었다. 한 뼘 더 자란다. 나도 한번쯤 누군가의 길이 되고 싶다. 모든 인연들께 절하고 싶다.

덕분입니다. 오늘도 꽃 한 송이 심겠습니다.
예, 하며 걷겠습니다.

차례

작가의 말

1부 그대 있었습니다

최고다 당신 __ 011

살아생전 부의금 __ 017

나는 사기꾼이로소이다 __ 024

에덴, 스무살의 청춘 __ 030

이상한 돈독선생 __ 034

놀이터의 특별반 __ 040

유쾌한 몽둥이 __ 047

두루두루 그때그때 __ 051

속 편하게 사는 법 __ 056

2부 그대 덕분입니다

자고로 욕이란 _ 063

같은 일 다른 기억 _ 070

동래, 동래아줌마 _ 074

자신에게 다정하기 _ 082

우즈베키스탄 그녀 _ 089

다만 있을 뿐 _ 095

백두산 호랑이 간밖에 없소 _ 100

너를 만나 다행이야 _ 106

바보들의 셈을 위하여 _ 113

3부 그대가 그립습니다

그래, 그래라 __ 121

강하늘, 강 하늘 __ 129

배추겉잎의 철학 __ 133

땅님과 꽃님 닭님 하늘님 __ 139

독박육아 으뜸육아 __ 146

다시 만난 알렉산드로 솔제니친 __ 153

멈춰라 제발 __ 158

별들의 위문 공연 __ 166

4부 그대가 보입니다

마 가입시더 __ 173

까치부부와 매미 __ 181

의자 앞의 생 __ 187

꽃 양동이 이고서 __ 192

탁주와 와인 __ 197

어느 날의 일기 __ 202

나무코트 한 벌 입고 __ 207

R21-1040 __ 213

예, 하겠습니다 __ 219

1부

그대가 있었습니다

최고다 당신

어느 날 엄마에게 말했다. 엄마 나는 참을성이 적은가 봐. 욱할 때는 참을 수가 없네, 버럭 화부터 내고. 제 밥그릇 엎은 강아지마냥 풀이 죽은 내게 엄마의 대답은 의외였다. 그래도 되야. 니는 순-해 보여서 그런 구석도 있어야 남들이 조심하제이. 벌에 있는 침이라고 생각해. 가만있던 벌도 건들면 목숨 내놓고 찌르자너? 그래서 꿀도 지키고.

엄마 말마따나 자랄 때 그리 생겼다 소리를 어쩌다 듣긴 했다. 그럴 때마다 나는 속으로 뜨끔했다. 어젯밤에 골목 끝집 말남이네 초인종을 누르고 냅다 도망친 아이도 나였고 답안지 몰래 베껴낸 숙제도 많다. 없는 숙제 핑계로 순이네서 밤새 놀았던 적도 부지기수다 초등생이 말이다. 엄마 돈으로 달짝지근한 잼도 몰래 사먹고 동무에게 선심도 썼다. 그랬는데 순하다니 모르고 하는 소리다.

어쨌거나 나는 안심이 됐다. 엄마 말 한마디에 성질 더러운 사람에서 착한 사람이 된 것이다. 자신을 위장하는 방어무기 하나쯤은 당연한 일이라니. 아 엄마 최고다! 덕분에 가벼워진 마음은 파르릉 하늘을 날았다. 몹쓸 단점이 내 생각만큼 나쁜 일은 아닌 듯해서 살아가며 천천히 고치기로 했다.

그런 엄마와 살았으면서도 때때로 마음에 칼금을 긋는다. '괜~찮아야' 한마디면 될 것을. 지레 걱정으로 자잘한 소리들을 뱉으니 상담가란 이름이 무색하다. 전쟁통에 자라서 한글도 겨우 쓰는 엄마가 명색이 상담 수련 감독인 나보다 백배는 낫다. 이런 내 걱정을 만사형통 엄마는 뭐라 하실까. 무심한 듯 툭 한마디 던질 것 같다. 중도 제 머리는 못 깎는다고 하잖어? 크 어쩌면 어리석은 나를 핑계 대고픈 마음인지도 모르겠다.

엄마는 극한 직업이란 우스개가 있다. 비대면 시대,

온라인 개학에 아이들은 엄마부터 찾는다. 엄마라고 컴퓨터에 능숙할 수 없는데도 말이다. 아프면 의사 노릇도 한다. 요리도 하고 부동산 상식도 필요하다. 뿐만 아니라 사춘기 자녀의 불뚝거림도 해결하는 상담가도 된다. 엄마는 못 하는 일이 없는 만능 해결사다.

브라질의 로베르타 마세나. 그녀는 미화원 유니폼을 입고 대학 졸업사진을 찍었다. 궂은 일 하며 뒷바라지 한 엄마에게 고마움을 전하려 한다. 가운 안에 엄마의 작업복을 입고, 사진 촬영 때 가운을 활짝 열었다. 어머니는 당신의 작업복이란 걸 알고 눈물 속에 딸을 껴안았다. 사연을 들은 한 대학이 대학원 진학을 돕자 모녀는 다시 눈물을 흘렸다. 교육전문가가 되고 싶었지만 엄두를 내지 못했기 때문이다.

'어려운 아이들을 가르치는 게 꿈'인 마세나는 좋은 선생이 될 것이다. 청소부 엄마를 울린 그의 졸업복이 언제나 곁에 있을 테니까. "어머니는 정말 대단하신 분, 내가 얼마나 어머니를 자랑스럽게 생각하는지 보여주고 싶었다"고 말하는 마세나.

그이는 알았는데 나는 몰랐다. 몰라도 한참 몰라서 떠난 뒤에야 엎드려 후회했다. 드러내기도 염치없어 속으로 삭혔다. 생각해보면 엄마의 젊은 날은 오롯이 우리의 거름이었다.

난생 처음 거리에서 장사를 한 엄마. 노상에서 전을 부치거나 야채 파는 일이 녹록할 리 없지만 언제나 무던(적어도 딸 셋의 눈에는)했다. 못다 핀 엄마의 삶, 철없던 나의 안중에는 없었다.

엄마 살을 파먹은 애기 고동이, 빈 껍질로 떠내려가는 에미에게 우리 엄마 시집가네 했단다. 어쩌면 엄마는 떠나가는 고동 얘기로 당신 삶을 들려주고 싶었을까. 삶이란 그런 것이니 떠나보내고 그냥 살라는 말인가. 나는 엄마가 그리 쉽게 우릴 두고 갈 줄 몰랐다. 늘 든든하고 따뜻한 내 자리인 줄 알았다. 고마움과 미안함이 안개 되어 내린다. 젖는다. 어제보다 오늘 더 많이.

의심보다 일단 다가서고 보는 내게 건네는 엄마의 말. 니는 하늘이 돌본다. 나의 사는 모양새가 하도 답답해서 하늘도 걱정되어 챙긴단다. 인간관계가 공치기라면, 공을 치는 사람은 부딪쳐 튕길 방향을 예측하고 공을 친다. 한데 나라는 공은 단순해서 공을 친 방향 그대로 직진해서 멈춘단다. 예상 각도대로 튀지 않고 그 자리에서 멈추면 게임이 되겠는가. 오히려 상대가 미칠 지경이지. 그래서 득실대는 세파에 이만큼이라도 버텨냈단다.

한참을 깔깔대며 웃었다. 하늘이 내편이라니. 걱정되는 나를 바라보는 엄마의 긍정방식, 들을수록 그럴싸하다. 엄마도 나도 세상살이 염려 없다. 하늘이 있는데 뭘.

문득 영화 <계춘 할망>이 떠오른다. '세상살이 아무리 힘들고 지쳐도 온전한 내 편 하나면 살아지는 게 인생이여. 내가 네 편 해줄 테니 너는 네 원대로 살라' 손녀에게 전하는 할머니의 그 말에 나는 둑 터지듯 울었다. 어디선가 들은 듯 익숙한 말, 그리운 엄마 목소리였다.

엄마 최고야! 그 한 마디를 못했다. 그때 들려드릴 것을. 엄마는 당신이 피운 꽃을 모른다. 흔적으로 남긴 위로가 얼마나 힘이 됐는지도.

한 수 배운 긍정으로 파도 타듯 생을 넘는다. 살다보면 되리라. 누군가의 최고가 되는 삶. 엄마처럼.

살아생전 부의금

밤새 든 태풍으로 평온하던 텃밭은 폭탄 맞은 전장이다. 땅에 붙은 부추나 초롱꽃은 멍이 들고 비파나무는 뿌리를 안고 누웠다. 그 와중에 비쩍 마른 옥수수 한 대가 꼿꼿이 서 있다. 갈기갈기 뜯긴 잎을 훈장처럼 달고서.

그 모습이 기특해서 늘옥이라(늘 옥수수) 부르며 챙긴다. 흙이 패여서 뿌리가 드러나도 홀로 버티는 늘옥이 장 -하다. 갈 때 가더라도 열심히 버티는 모습. 아직은 떠날 때가 아닌 게다. 오가며 늘옥이를 응원하다 문득 열다섯 내 모습이 생각났다. 목숨이 끊겼다 이어진 나.

낙엽 곱던 가을에 나는 죽었다. 그리고 나흘 만에 살

아났다. 연탄이 유일한 난방이던 그 시절, 가스에 중독되어도 의식이 있는 한 병자로 취급하지 않았다. 재수 없이(죽음은 운명이 아니라 재수다) 연탄가스를 마시면 동치미 한 사발로 버텼다. 밤새 안녕이라고 아침에 기척이 없으면 이웃 간에 문을 두드렸다. 인사 겸 생존 확인.

'자야'라 불리던 이가 있었다. 지능은 부족했어도 함께 사는 법은 누구보다 잘 알았다. 그녀가 우리 집을 두드렸는데 기척이 없자 '동네 사람들아' 외치고 다녔다. 우리 가족이 시립병원으로 실려 갔다.

몇 시간 만에 깨어난 식구들과 달리 나는 깨어나지 못했다. 별다른 방법이 없어 병상에 둔 채 시간을 보냈다. 티베트에서는 죽은 후에 12시간을 그대로 둔다. 심장이 멎어도 얼마간은 혼이 머문다고 생각한 것이다. 나의 혼도 그 마지막 시간에 갈피 못 잡고 들락거렸나보다.

나흘 만에 의식이 돌아왔다. 의사는 손가락을 흔들며 몇 개냐고 묻는다. 당연히 두 개지. 모두들 환호했다. 첫 통증은 생명을 위협한 가스중독이 아니라 긁힌 팔의 상처였다. 긴 잠을 깬 듯 편안히 일어난 나는 억세게 재수 좋은 아이였다.

회복이 빨라 이튿날 퇴원을 했다. 학교에 등교하니 내 죽음의 안부가 나를 맞는다. 죽었다고 전해져 친구들이 부의금을 모았다. 저승 노잣돈인 부의금. 의사가 죽었다고 했던(곧 숨이 멎을 것이라 했다는데) 나는 이승의 두 발로 걸어가 나의 부의금을 받았다.

팔자 주름이 깊게 파인 교감선생님의 웃음과 선생님들의 유쾌한 격려가 넘치던 교무실. 귀퉁이가 쏠린 누런색 부의금 봉투를 두 손으로 받아든 채 머쓱히 서 있었다. 살았는데 부의금을 받아도 되는지 헷갈렸다. 내 생각과 상관없이 주셨겠지만 어린 마음은 머릿속이 혼란했다. 어색함에 차마 발이 떨어지지 않았다. 어정쩡한 모습으로 교실에 들어서니 박수를 치며 요란하게 웃는다.

친구들은 어색함을 덜어주려고 더 설레발을 쳤다. 살아서 친구들의 부의를 받는 송구함. 그 시절, 생활이 빠듯해서 용돈이란 말 자체가 사치였다. 너도나도 참고서나 학용품 살 때 쪼끔 떼어서 썼다. 그마저도 책을 살 형편이 될 때만 가능해서 모두들 용돈이 궁했다. 거기서 부의금을 만들어 냈을 것이다. 갑작스런 부의금을 내지 못했던 아이들은 돌아온 내게 크림이 듬뿍 발린 둥근 빵을 내밀거나 아끼던 고운 노트를 건넸다. 부의금 못낸 마음들이다. 못 받았던 부의금까지 챙긴 셈이 되었다.

죽음은 늘 우리와 함께한다. 짐작도 못한 날에 불쑥 찾아오리라. 갈색 크림 빵, 분홍 노트, 엄마를 속인 노트 값이거나 그 날의 버스비였을 나의 부의금. 나는 세상에서 가장 묵직하고 따뜻한 마음들을 부의로 받았다.

중학생 때 미리 받은 부의금은 인생 길 갈피마다 삶의 안내자가 되었다. 이제 죽어도 여한이 없다는 말은 내가 써야 될 말이다. 덤으로 받은 삶. 부의금 값 제대로 해야 하는데….

죽음은 나와 무관한 일처럼 생소하다. 죽음과 싸움을 멈추는 길은 수용하고 바라보는 것. 배웅 속에 떠나려 해도 죽음의 시간은 약속이 없다. 홀연히 나타난 죽음 9.11 테러. 마지막 순간의 말은 '사랑해'였다.

먼저 떠난 그들이 오늘을 어떻게 살지 들려준다. 마지막 순간을 떠올리며 사랑도 배려도 늦지 않게 돌아본다.

삶이 있는 지금 순간이 감사하다.

호스피스 운동의 선구자인 엘리자베스 퀴블러 로스. 그녀는 우리의 시간이 많이 남지 않았고 오늘의 말과 행동이 마지막일 수도 있다고 일러준다. 때를 놓치지 말고 지금 이 순간을 살기. 삶이 우리에게 사랑하고 일하고 놀이 할 '기회'를 주었을 때 아낌없이 살아야 한다.

매 순간을 기적이라고 생각하면 세상은 반짝인다. 그녀는 말한다. 죽음은 가장 큰 상실이 아니라고 '아직 죽지 않은 사람으로 살아가지 말라'고. 죽음의 가장 큰 교훈은 바로 '삶'인 것이다.

세월 바뀌어 저 세상 배웅도 문자로 날아온 계좌에 부친다. 그럼에도 나는 부의를 위해 편지봉투 한 묶음을 마련해 둔다. 문상 갈 때 집에서 이름을 쓰기 위함이다. 그 혼자만의 시간. 온전하게 떠난 이를 떠올리게 된다. 김.명.숙. 세 글자의 저승편지를 쓴다. 이승에서 저승안부 물으려니 마음도 젖는다. 이제 잘 가시라고, 다 내려놓고 너울춤 훠얼훨 평안히 가시라고 애달픔을 고한다. 찡하게 콧등이 울리면 울리는 대로.

네모진 편지 봉투, 불현듯 상여가 떠오른다. 하얀 사각은 꽃 달기 전 상여를 닮았다. 알록달록 종이꽃을 단 상여는 머뭇머뭇 나아간다. 어허이 어허이 어허넘차 어허이, 구슬픈 상여소리 재 너머로 이어지고. 애끓는 선창 소리에 요령소리 녹아들어 눈물길이 된다. 망자는 무심히 산자 앞을 지난다. 나는 길 떠나는 상여를 보며 슬픔보다 허망함을 배웠다.

　너덜너덜 찢긴 잎에 남았던 늘옥이의 푸름이 갈색으로 변했다. 안간힘을 쓰며 다가오는 죽음에 맞서는 중이다. 가녀린 몸으로 바위 바람에 맞섰던 늘옥이. 덜 여문 알갱이와 푸석거리는 마른 잎으로 온 힘을 다해 버틴다. 그 모습이 차라리 장엄하다. 죽음 앞에 의연하기. 죽음이 올지라도 삶은 삶대로 살아낸다.

　신은 늘 삶의 귀퉁이에 기적을 숨긴다고 했던가. 살아생전 부의금은 내 삶을 돌아보게 만든다. 부족한 듯 했지만 나를 구해 준 자야처녀를 통해 다름의 가치를 새겼다. 애달픔도 간절함도, 놓으면 그뿐이니 가벼이 살자 했다. 덤으로 받은 선물 잘 쓸 줄 알았더니 세월 속에 잊고 내 것인 양 살았다.

  삶과 죽음은 풀잎의 양면처럼 같은 길 다른 이름이다. 둘 다 푸르고 향기롭다. 창문을 열어야겠다. 햇살 가득 넘치도록.

나는 사기꾼이로소이다

고교시절, 친구들은 나를 사기꾼이라 했다. 왜 사기꾼인지를 따르르 설명하는데 반박할 거리를 찾지 못한다. 맞다 사기꾼. 할 수 없이 나도 인정을 했다. 갈래머리 소녀에게 걸맞는 별명은 아니지만 사실이니 어쩔 수 없다.

오래전 우리학교 규정은 땋은 머리였다. 그날따라 무지 바빠서 머리부터 땋았다. 본래는 세수하고 머리를 땋는데 마음이 바빠 거꾸로 하니 그만 세수하는 것을 깜박했다. 겨우 버스를 탄 뒤에야 생각이 났다. 세수를 안했다! 아니 그럼, ㄷ고교 그 남학생을 세수조차 안 한 얼굴로 마주쳤단 말인가.

등교시간의 버스는 한정되어 있어 늘 같은 얼굴을 만난다. 눈이 마주치면 얼른 고개 돌리지만 무언의 감정은 건네진다. 거울을 몇 번 봐도 모자랄 판에 세수를 안하다니.

등교하기 무섭게 친구들과 얘기했다. 나 좀 봐봐 이상한데 없어? 없다니까, 왜 그러는데. 나는 세수를 못한 것을 얘기했다. 친구들이 처음엔 믿지 않았다. 우리 놀리는 거지, 암만 그래도 학교 오는 일은 까먹어도 그건 빼먹을 수 없겠다에 의견이 일치했다.

"그런데 니, 세수도 안했는데 이리 말갛다 말이가. 그거 사기 아니가." 피부가 하얗던 나는 세수 안 한 그날도 뽀얀 얼굴이었다. 머리를 단정하게 땋으니 세수 안 한 것은 표시도 나지 않았다. 친구들은 내가 사기꾼인 이유를 대기 시작했다.

세수에 이은 두 번째 이유는 교복이다. 학교 앞의 ㅅ교복사와 ㅇ교복사가 대세였다. 나는 우리 동네서 맞췄더니 교복 브라우스가 친구들과 달랐다. 조금 더 빳빳해서 다림질이 오래 유지되고 천이 윤기가 있어 좋았다. 친구들은 억울했다. 매일 다린 자기들 교복보다 대충한 나만 교복이 반지르 하다나.

세 번째 이유도 반박하지 못했다. 상업 고교여서 입시가 없던 터라 수업시간에 교과서를 세워두고 책을 봤다. 근데 내 얼굴 어디서도 그런 농땡이가 안 보인다는 게다. 수업 중 농땡이가 사기꾼 수준인데, 눈 반짝이며 쳐다보면 영락없이 모범생으로 보인다는 것이다. 그런 짓은 절대로 하지 않을 것 같은 얼굴. 맞다고 손뼉 치며 깔깔대는 친구들. 헤밍웨이나 톨스토이를 만나고 심훈, 이광수를 만나는데 사기가 일조를 한 셈이다.

쉬는 시간에 시끌벅적 모여 나를 사기꾼으로 정했다. ㄷ고 남학생 얘기는 차마 하지 못했는데, 그날은 세수 안 한 내가 하루 내내 화제였다. 기왕에 안 한 거, 굳이 할 생각도 없어서 그대로 하루를 지냈다.

등교하는 아침이면 '사기꾼님 오늘 세수했어?' 놀려댄다. 자꾸 그러면 또 세수 안 하고 올 것이야, 진짜로 사기 칠 거다. 그래? 어디 할 수 있나 보자. 이튿날 나는 정말로 세수를 안 했다. 친구들은 책상을 두드리며 깔깔댔다.

정말 사기 쳤네. 그렇게 나는 사기꾼이 되었다.

요즘도 가끔 내가 먼저 예전의 그 별명을 들먹인다. 나의 키는 153cm인데 대부분 실제보다 크게 본다. "아니 그렇게 작아요? 보기에는 아닌데. 그러게요, 그래서 제 별명이 사기꾼이랍니다" 나는 왁자지껄 즐겁던 교실을 떠올리며 웃음으로 답한다. 화들짝, 듣는 사람이 더 놀랜다. 그런 말 하면 오해받기 십상이란다. 하지만 나는 사기꾼이란 별명에 조금의 반감도 없다. 풋풋한 우정을 떠올리기에 그보다 나은 말이 있을까.

문득 사기는 정말 나쁜 것인지 엉뚱한 생각이 든다. 사기가 나쁘다는 사실은 모두가 아는 도덕규범이다. 하지만 때로는 '속임'이 필요할 때도 있다.

심리학자 제리드 제리슨에 의하면 하루 평균 200번, 시간으로 따지면 대략 8분에 한번 꼴로 거짓말을 한다고 한다. 그렇게나 많이? 생각해보니 살면서 하는 말 중에 좋습니다 괜찮습니다 잘됐다 배 안 고프다 등 거짓말이 수두룩하다. 그가 맞을 수도 있겠다. 아 나는 사기꾼 별명을 더 사랑하게 될 것 같다. 그럴듯하게 속이거나 속아주기는 삶의 양념이다.

어린왕자의 장미가 그에게 특별하듯, 누군가 의미를 부여하면 같은 사물도 다른 느낌이다. 누가 그에게로 와서, 그의 이름을 불러달라던 시인의 마음을 알 것 같다. 나를 특별한 이름으로 불러준 그들. 따뜻했던 청춘들로 인해 나는 그 이름을 사랑한다. 초록빛 우정을 떠올리기에 그보다 나은 말이 없다.

반짝반짝 빛나며 아름다웠던 우리들에게 고하노니. 나는 사기꾼이로소이다아.

에덴, 스무 살의 청춘

갓 스물, 고교를 졸업한 청춘은 하고 싶은 것이 많다. 목촌이나 왕비다방의 쓴 커피를 마시고 별들의 고향에서 거품 오르는 맥주도 마셨다. 무아음악실 깊은 의자에 파묻혀 팝 음악에 젖기도 했다. 이제 어른이라 무엇을 해도 되는 나이. 나는 시를 쓰는 희원이와 어울려 다녔다. 희원이는 백일장에서 장원을 하던 문학소녀였다. 덩달아 나도 마음을 달싹이며 시를 쓴답시고 끄적이고.

베르테르의 슬픔을 얘기하던 우리는 고교를 졸업하고 직장인이 되었다. 사회인이 되고 희원이 나를 데려 간 곳은 갈대숲 무성한 에덴공원이었다. 불빛 어스름한 갈대밭

사잇길에 음악주점이 놓여 있었다.

젊은 청춘들은 동동주와 파전을 먹으며 시대를 논했다. 음악이나 시를 읊조리면 갈대 둘러 맨 어둑한 불빛이 아픈 청춘을 위로했다. 흔들리는 전등 아래 마주 앉으면 매정한 시간이 아쉬웠다.

강촌, 강나루 같은 고운 이름을 달고 불빛 반짝이며 늘어선 가을밤의 카페들. 간간이 피아노 선율도 흐르던 그 곳은 이십대의 낭만과 잘 어울렸다. 딱히 약속이 없어도 청춘이라면 왠지 들러야 할 성지 같았다. 그러다 희원이 서울로 떠나자 발길도 시들해졌다.

결혼 후, 돌아볼 틈 없이 세월이 지났다. 나는 바다를 좋아해서 강은 별로 찾지 않았다. 바다는 버스를 타면 쉬이 볼 수 있고(송도나 해운대등 바다 정류장은 있지만 강은 없다) 강은 멀리 있으리라 여겼다.

다대포는 바다려니 여기고 살았다. 붉게 물든 강변로를 지나며 문득 돌아보니 아, 거기 강이 있다. 한쪽이 강이라는 사실이 그제야 눈에 든다. 강이라니 강이 있었단 말이지. 노을 지는 강을 모를 만큼 내가 건조하게 산다는 말. 강과 잘 지내기로 했다. 강은 언제나 변함없지만 수시로 다른 얼굴을 내민다. 때로는 반짝이고 때로는 불타는 하늘에 철새를 키우고 발 시린 오리도 키웠다.

중년이 되고 나서야 눈에 뵈던 강. 물길 따라 갈대 흐드러지던 그 옛날의 강이 살아났다. 돌이켜보니, 갈대숲은 아파트가 되고 밀려나온 강변은 도로와 상가들 차지였다.

우연히 마주친 기사 한 토막. 강나루다! 퇴색한 기억 속에 아직도 여러 집이 있는데 강나루도 그중 하나다. 사라진 줄 알았던 주막이 가락아파트 옆에 옛 모습 그대로 있다. 위치는 그대로인데 매립 때문에 지형이 바뀌어 강변이 도로변이 되었다.

꼭 가고 싶어서 타지가 고향인 친구와 들렀다. 그이는 우중충한 실내가 적응이 안되고 짚 냄새도 싫어서 두 번 가기 싫다 했다. 그도 그럴 것이 오래된 실내는 옛날처럼 갈대를 두르고 퀘퀘한 짚 냄새도 났다. 나는 오히려 현대식 카페의 화려한 조명보다 훨씬 좋았다. 냄새마저도! 할머니 댁 모깃불처럼 아련하고 그리운 냄새였다. 여태 있어줘서 반가운 마음은 오래 못 만난 지기 같다.

흐린 조명 아래 나이든 주인이 있었다. 나는 타임머신을 탄 듯 신기해서 마음껏 시간 여행을 했다. 지나버린 스무 살의 추억들이 소삭소삭 오른다. 강나루란 옛적 나무 간판이 온전히 있다니. 동동주 한 잔에 인생을 논하던 내 청춘 한 가닥이 저기 얹혔으리라. 나무로 된 길쭉한 의자에 걸터앉으니 그냥 뭉클하다. 긴 세월 지나 이 곳에 다시 올 줄 짐작이나 했을까.

갈대 한 자락도 추억이 깃들면 다른 갈대다. 동행의 눈에는 어수선하고 냄새 나는 곳이지만 내게는 아름다운 청춘의 샘터다. 추억 바다에 빠진 나, 짚 냄새조차도 푸르고 정겨웠다. 예전 그 냄새였으니까.

나이 든다는 것은 그리움이 고이는 것. 시를 읽던 소녀 얘기는 오래전 일이 되고 이젠 노을 앞이다. 무얼 하며 살았을까. 찾고 잃은 것은 무엇일까. 꿈 한 조각 덜어내어 소리 없이 닦는다. 녹슬고 바랜 세월의 더께 걷으니 삐죽 스무 살의 내가 웃는다.

이만하면 돼, 그럭저럭 괜찮았어. 살아보니 세월도 빠르더만. 그게 삶이야, 그때는 몰랐어도 이제는 알게 된.

이상한 돈독 선생

 돈을 벌려고 합니다. 교사가 되려는 이유를 말하자 웅성거림 끝에 침묵이 흘렀다. 교사론 시간에 다들 사명감이나 교육관을 논했고 돈을 벌려는 이는 나뿐이었다. 그래도 그렇지 어떻게 그런 말을. 나와 가까운 이들은 웃음을 참지 못하고 돈독 오른 선생이라며 나를 놀렸다.

 돈이라. 돈은 언제 생겨났을까. 5000년 전 메소포타미아는 기후가 건조해 곡물을 재배하지 못했다. 상인들은 목축민에게 곡물을 공급하며 상업을 발달시켰다. 은 등의 금속조각이 교환에 쓰이자 은으로 곡물을 구할 수 있어 편리했다. 바야흐로 부의 축적이 가능해진 것이다.

고려시대 왕자였던 의천은 동전과 활구라는 은전을 만들었다. 편리를 위해 만들었지만 백성들은 여전히 물물교환을 하며 화폐를 꺼렸다. 그때부터 내내 물물교환으로 살았다면 어땠을지 엉뚱한 상상을 해본다. 돈 대신 쓰던 쌀이나 옷감은 변질되니 매양 움켜쥐지 못할 터. 하면 세상은 좀 더 나아졌을라나.

늦공부를 시작한 그때 내 마음은 이랬다. 잘하는 일로 남도 돕고 돈도 벌면 일석이조 아닌가…. 교사가 꿈이던 청춘 시절, 돈을 벌려고 회사에 취직했지만 짬짬이 학습이 힘든 아이들을 도왔다. 때론 팔 걷어붙이고 나서면 문맹어른도 해결되었다. 그 얄팍한 경험들로 나는 재능이 있다고 착각했다. 어설픈 착각이 나쁜 것만은 아니었다. 누구라도 눈에 띄면 해보겠다고 열성을 부렸으니 말이다.

여튼 돈독 선생이던 내가 90년대 말에 꿈대로 어린이집을 개원했다. 아이에게 좋은 장난감은 놀이터라, 마당 있는 어린이집을 만들었다. 저소득층 외에는 교육비가 전액 부모부담이던 때다. 교육비 금액은 자율이었지만 어린이집마다 엇비슷했다. 생각보다 낮은 교육비. 궁리를 거듭해도 잘 할 자신이 없었다. 현실은 내 한 몸 훌훌 다닐 때와는 천양지차였다.

돈을 더 받기로 했다. 교사 대 아동비율을 명시하고 친환경 자연식을 기치로 월등히 높게 공지했다. 아무도 오지 않았다. 높은 교육비에도 영재교육은커녕 제대로 놀겠다니 그 말에 돌아선 부모도 많았다. 하.지.만 생각이 같은 사람 있으리라 세상을 믿었다. 시간이 흘러 같은 마음들이 모이자 대기자가 밀렸다.

교육비가 높은 대신 기타부대경비는 모두 교육비에 포함시켰다. 경비 계산보다, 신날까 재밌을까부터 생각하기 위해서다.

교육비 수납은 교육기관에서 부모에게 매달 회비 봉투를 보내고 있었다. 아이를 돌보는 일에 달마다 돈 달라 해야 한다고? 말이 아니다. 양육은 부모와 내가 함께 노력할 일이다. 해서 교육비는 부모가 챙겨야 한다 생각했다. 회비봉투를 만들지 않았다. 지인들이 말렸다, 절대로 실패한다고. 회비 봉투 없는 곳은 듣도 보도 못했단다.

나는 매월 마지막 주간교육계획안 뒤에 시 한 편을 붙였다. '만일 내가 다시 아이를 키운다면, 어머니가 된 여자는 알고 있나니' 등 좋은 시의 여백에 온라인 계좌를 한 줄 묻혀 보냈다. 봉투 없이도 무난했다.

한 신임 교사가 계획안 앞에(늘 계획안 뒤에 있었는데) 시를 붙였다. 시를 먼저 보는 게 더 낭만적이라 생각했다나. 당장에 두 분이나 깜박했다고 연락이 왔다. 에구! 마감일도 멀었는데. 시가 앞에 놓이니 독촉으로 읽힌 게다. 쉼을 전하려다 애먼 고지서가 된 낭만들. 시의 깜찍한 일탈에 한참을 웃었다.

애초에 돈을 벌고자 했음은 맞다. 하지만 노력에 따른 선물 같은 보상을 원했다. 아이들이 얼마나 예쁜지 함께 해본 사람은 안다. 이제야 얘기지만 잘 놀던 우리 꼬맹이들은 그림이든 학습이든 높이 성장했다.

고슴도치, 제 새끼 밍크 털 자랑이 아니다. 초등 입학 후 신난 부모들이 알려준 일이 많다. 제대로 놀면 사고력도 마음도 오뉴월 오이 크듯 쑤우욱 자란다. 다른 일들은 크는 재미에 비할 바 못된다.

여태 운영 중에 회비 미납 학생은 한명도 없었다(돈독 오른 선생?). 각 가정의 형편상 교육비 미납이 가끔 생긴다. 장학생이다. 형편 어려운 아이, 올해의 장학생은 너구나 생각하면 편하다. 정말 드물지만 밀린 교육비를 한번에 받으면 즐거운 보너스. 가난한 학창 시절에 나도 회비를 못 냈다. 고마운 빚 되갚기도 필요하지만 장학이라니, 수납 못한 교육비도 마음먹기 따라 내 그릇을 키우는 무엇이 된다.

돈, 절레절레 피하거나 덥석 수용하거나 둘 다 돈에 민감한 것이란 말 제대로다. 무심하기가 쉽지 않다.

풀 기운 만연한 봄 산에서는 풀독 오르기 쉽다. 노출된 피부에 빨갛게 붉어져 간지러운 풀독은 참기 어렵다. 봄철에 풀독 피하려면 스카프나 긴 옷으로 무장하면 된다. 돈도 마찬가지, 마주쳐 살다보면 돈독 오르지 말란 법 없다. 나 역시 돈에 유심하니 돈독 피하려면 그처럼 무장해야 하나. 어허 어허! 떼밀며 곁에 두며 잘 데리고 살 일이다. 불가근 불가원 不可近 不可遠.

돈 얘기 주저리주저리 푸는 하루. 별빛 내리던 눈빛들

이 오로라로 날아오른다. 그때 재밌었는데. 안녕 애—들아 잘 지내지. 이잉! 나 벌써 잊었어?

뭐든 지기 싫은 5살 윤수.
짝꿍과 대화 중

> 석이는
> 아빠가 둘이래.

> 그래? 나는
> 열 개 있는데?

우리는 하루 내내 웃었다. 녀석, 지금 뭐할까.

놀이터의 특별반

딱히 갈 곳 없는 할머니들이 모인다. 꽃다운 색시시절 그리다가 열아홉에 만난 총각 얘기에 웃음도 수줍다. 흥이 날 때는 '동백 아가씨'나 '여자의 일생'을 흥얼거린다. 가끔 할아버지 한두 분 섞여도 운동 끝나기가 무섭게 자리를 뜬다.

어린이집과 놀이터는 차 두 대가 겨우 지나는 좁은 도로를 마주보고 있다. 무심코 놀이터를 보니 등나무 아래에 할머니들이 앉아 있다. 얘깃거리가 동이 났는지 묵묵히 마주보고만 있다. 낡은 나무 등걸처럼 세월 삭은 몸이 맥없이 놓였다. 참으로 심심하겠다 싶어 간식을 드렸다.

금방 생기가 돈다. 갓 만든 몰랑한 떡에 여름 소낙비마냥 얘기도 풍성해진다. 사는 동안 떡에 담긴 사연이 오죽 많으려나.

시간이 나면 슬리퍼 차림으로 간식을 날랐다. 쌀쌀할 때는 삶은 고구마나 감자가, 더운 여름에는 수박이 인기다. 굳이 배가 고파서가 아니다. 같은 먹거리도 집에서 혼자 먹으면 맛이 없다. 아이고 우짜겠노 맨날 이래서. 아이들이나 주지 늙은 할망구까지 챙기고. 고맙다는 말은 언제나 비슷하다.

할머니들의 호칭에는 이름이 없다. 골목아래 단칸방에 사는 성님 할매는 제일 나이 많은 성님이다. 6호 할매는 다가구주택 6호에 살고 베트남 할매는 며느리가 베트남에서 왔다. 아들이 타는 배 이름 따라 일성호 할매다. 남성 할매는 남성 빌라에 산다.

간식 들고 간 짧은 틈에 그날 일정도 주루룩 꿴다. 성님은 무릎에 침 맞으러 갔고 베트남 할매는 손주랑 나오고 남성은 일등으로 왔고 일성호는 아들네 도와주러 갔다. 그중 어린이집 할매는 우리 어린이집에 손주가 다닌다. 할머니는 간식 날에는 더 신난다. 우리 원장이란다.

어느 날 너무 아쉬워한다. 남성 할매 여태껏 있었는데, 좀 더 있다 가지 고구마가 맛도 좋구만. 그랬다. 늦거나 일찍 가는 바람에 먹지 못한 동무가 못내 걸린다. 매일 하진 않지만 시간은 일정해야 된다.

오후 2시 반이 아이들 간식 시간이다. 놀이터에는 3시로, 속마음을 먹는다. 5분 이상 늦으면 나서지 않았다. 그래야만 다음에도 기다리지 않을 것이므로.

특별반(담임들이 그리 불렀다) 간식은 내 담당이다. 이건 챙기는 마음이지 본 일을 제치고 할 일은 아니다. 나눠먹기 좋은 음식이거나 시간이 되는 날에 하면 된다.

간식이 이어지자 부담스러워 했다. 원장님요 우리는 손주가 없심니더, 있다 해도 먼~데 있고요. 이런! 오래 산 나이 값으로 공짜 없는 세상을 익히 아신 게다. 어린이집 원장이니 뭐든 원아 모집과 연결 짓는다. 모두 먹고 남은 것이니 마음 쓰지 마세요. 내 말에 마지못해 떡 한 조각을 집는다.

시간이 지나니 농담도 자연스럽다. 원장님요 우짜느

응교 우리는 아이가 없는데. 그라믄 지금 한 명 낳는 건 어때요 제 일도 도울 겸. 와하하 손뼉 치며 박장대소 하는 할머니. 맞네 맞아 함 생각 해 볼끼요, 조오은 영감 어데 없능교. 익살스런 대꾸가 햇살처럼 환하다. 그 답변에 웃느라 먹던 과일 한 조각 튀어 나온다. 그런 날이면 뭉실뭉실 찌르르 명치 아래서 솟는 기쁨에 어쩐지 행복하다.

아이들의 너른 텃밭이 개발 정책으로 없어졌다. 그런저런 이유로 이십년 넘게 하던 어린이집을 닫았다. 헤어짐이 아쉬워서 떡볶이, 치킨 등 좋아하는 간식도 마음껏 먹이고 예쁜 선물도 나눴다.

일부러 걸음해서 손 편지와 선물을 건네는 부모들. 진정어린 마음에 애써 눌러둔 눈물이 났다. 세상 부러울 것 없는 뿌듯한 날이었다.

이렇듯 애틋했지만 산전수전 겪은 할머니들은 내가 '망한' 것으로 짐작했다. 농담이 사라지고 눈빛에 연민이 스며있다. 문을 닫는다는 것은 실패를 의미하는 고정 관념이 있다. 일 할 나이에 그만 둔 것도, 이사를 가지 않은 것도 어설픈 짐작에 한몫을 했다.

일을 접고도 가끔 먹거리를 건넸다. 묵은 일을 하루아침에 싹둑 멈추기가 이상해서다. 불편한 마음은 찐 고구마 몇 개에도 손이 아프다. 아이고오 문도 닫았는데 와 이라능교. 할머니! 그게 아니거든요. 누차 말해도 못 믿는 눈치다. 하도 미안타 해서 먹거리 있어도 선뜻 나서지 못했다.

대문 앞에 누가 서성인다는 말에 나가보니 혼자 사는 성님 할매다. 슬그머니 다가와 무언가를 내민다. 구겨진 천 원짜리 서너 장 사이에 푸른 색 만 원도 한 장 있다. 한 사코 뿌리쳤지만 손 붙잡는 할머니의 대응이 만만찮다. "사람 사는 기 그런 기 아니라"는 할머니의 단호함에 지고 말았다.

무릎이 쑤시고 아려도 병원비 이천 원이 '겁나서' 참던 성님이다. 아마도 그 중 제일 어려운 살림일 테다. 까칠하게 마른 손의 촉감이 내 손에 건네졌다. 서럽게 망한 것도 아닌데 글썽글썽 툭 흐른다.

성님 할매의 마음을 봉투에 담아서 책장에 꽂아 두었

다. '사람 사는 법'이 담긴 봉투가 어쩌다 눈에 띄면 한참을 들여다본다. 그래, 사는 건 그런 것이지. 젖은 마음이 볕바른 빨래처럼 보송보송해진다.

차마 쓰지 못한 돈. 연말 불우이웃 돕기에 내 마음을 덧대어 떠나보냈다. 성님은 내게도 성님이 되었다. 봉투는 떠났지만 말랑하고 단단했던 '사람 사는 법'은 내 곁에 남아 성님 노릇을 제대로 한다.

코로나가 왔다. 놀이터에 사람 없어진 지 오래다. 늙어 서러운 잎들이 귀퉁이 부서진 채 바람에 쓸린다. 오늘 나는 위로가 필요한가보다. 수년이나 지난 일에 시큰거리는 콧날이라니.

유쾌한 몽둥이

 몽둥이의 사전적 의미는 사람이나 물건을 타격하기 위한 방망이나 막대기다. 몽둥이찜질, 다리몽둥이, 몽둥이가 약. 몽둥이가 엮인 말을 보나마나 몽둥이는 좋은 이미지가 못된다. 하지만 나는 몽둥이로 위로 받는다. 기억 바구니 속 몽둥이는 나를 웃게 한다.

 열서너 살 나의 유토피아는 시골 할머니 댁이다. 회비를 내지 못해 걸핏하면 서무실에 불려가던 학창시절. 방학 때면 나는 듯이 할머니께 갔다. 학교생활은 방학과 방학 사이를 건너가는 시간일뿐이었다. 마을까지 가려면 버스를 갈아타고도 몇 리를 걸었다. 버스를 내려 먼지 노는 흙길을 걷노라면 쏴악쏴악 쏴르르 매미 소리 우렁차다. 그 소리는 내가 할머니 동네로 왔다는 뜻. 매미 소리에 장단 맞춰 마음도 덩실거린다.

어린 나이지만 체면은 있다. 모처럼 만나는데 빈손으로 나서기가 좀 그랬다. 함께 사는 큰어머니께도 무엇이든 드리고 싶다. 시작부터 끝까지 방학 모두를 큰댁에서 보냈다. 분주한 농사일에 도시의 조카까지 얹혔다. 시골 살림에 일이 더 느는 참인데 언제나 웃으며 맞아주신다. 마음은 늘 큰엄마께 뭔가를 드리고 싶었다.

하지만 우리 사정은 뻔했다. 할머니 드릴 박하사탕 한두 봉지가 할 수 있는 최선이었다. 그래도 엄마에게 한 번 더 묻는다. 엄마 뭐 들고 가지. 마 그냥 가라. 맨손으로 가라고? 그람 몽둥이 들고 갈랴? 아니 그게 아니고…. 대화 끝이다. 엄마의 완승.

수십 년 지난 지금도 생각만 하면 웃음 흐르며 마음이 풀어진다. 엄마 말 한마디에, 그냥 가는 게 낫다는 생각이 들다니. 아무렴 할머니께 몽둥이 들고 갈 순 없지. 빈손이 그리 나쁜 일은 아닌 것 같다. 봄 햇살에 잔 얼음 녹

듯 마음이 풀어졌다.

 몽둥이 비책은 유효기간이 없다. 필요한 순간에 언제든 살아난다. 말이 지니는 생명력이다. 어찌 그리 생생한 말이 다 있는지. 묘하게 풀어지고 슬근슬근 이해가 된다. 이해 되는 것이 이상한 일임에도 불구하고!.

 말은 생각을 꿰는 하나의 틀이다. 원래는 내가 말을 통제하지만 일단 말을 뱉고 난 뒤에는 말에 끌려 다닌다. 아 다르고 어 다르다는 말처럼, 내뱉는 모양 따라 기댈 언덕이 되거나 상처가 되는 말의 흔적들. 말의 힘은 대단해서 그 자체로 큰일이 되거나, 큰일이 덮어지거나 한다. 내게는 몽둥이가 그렇다.

 허물없는 지인이 마음이 어중간 할 때 내게 물어본다. 그래도 빈손으로 가기가 좀 그렇지? 그럴 때 나도 한마디. 그람 몽둥이 들고 가든가. 전화기 너머로 하하거리는 소리 춤추듯 날아온다. 어느 쪽이든 정리 된 모양이다. 이건 순전히 마음의 문제니까.

 몽둥이는 여러모로 유효하다. 낯선 곳에서, 잠결에 이상한 소리 들리면 왠지 불안하다. 불안한 밤에 몽둥이는 수호신이 된다. 야구는 몽둥이인 야구 방망이를 마구 휘두른다. 야구선수의 방망이는 인기가 좋고 선망의 대상이다. 가만 몽둥이가 꼭 나쁜 것만은 아니네. 생각해보니 보드레한 방망이도 있다. 솜방망이. 방망이의 변신은 끝없다. 게다가 엄마의 몽둥이는 마음을 다독이는 위로의 방마이다. 방망이는, 아니 몽둥이(왠지 더 센 것 같다)는 친근하다.

돈이란, 필요한 순간에 없을 때가 많다. 삶이 뜻대로 된다면 오죽 좋을까만 세상은 만만치 않다. 마음을 표하고 싶어도 어쩌나 능력이 안 되는데. 그럴 때 몽둥이를 써야 한다. 몽둥이는 공짜다. 하늘도 공짜이니 내 것으로 삼아 씩씩하면 된다. 본디 마음을 나타내는데 물질이 필요하지만, 그 못지않게 마음도 쓰임새가 많다. 빈손에 가득 담긴 마음을 보는 이가 있다. 당신도 나도.

말 한마디가 때로는 빛나는 햇살이 된다. 그때의 막막하던 나를 생각한다. 마음 있어도 형편이 안되는 찐한 마음들에게 몽둥이 마구 나누고 싶다. 몽둥이 맛 좀 볼 테여? 이상하게 들리려나….

두루두루 그때그때

 식구들이 둘러앉은 밥상, 추억의 음식은 첫정처럼 잊히지도 않는다. 둥근 두레판 위에 갓 쪄낸 장떡을 올리는 엄마. 알싸하고 짭쪼름한 맛에 밥 한 그릇은 뚝딱이다. 숟가락 부딪는 소리 요란하던 밥상. 엄마는 아마 한입도 못 했을 거다.

 음식에 마음을 더하면 한껏 진득해진다. 인간의 근원적 감각인 미각, 나의 원천 미각은 고추 장떡과 마른 전 찌개다. 부추전과 오징어 튀김 등 마른 전을 넣은 찌개는 유달리 고소하다. 국물은 걸쭉하고 건더기는 쫄깃하게 씹힌다.

고추 장떡은 된장을 푼 밀가루 떡에 빨간 고춧가루, 푸른 풋고추가 송송 박혀 있다. 밥이 얼추 되어갈 쯤에 보글보글 끓는 밥물에 얹어 익히면 아래쪽에는 밥알이 수북이 붙는다. 김이 오르는 밥솥에서 통째로 덜어내 젓가락으로 뚝뚝 끊어 먹으면 입 안 가득 칼칼한 맛이 돈다.

세상 일이 힘에 부치면 온 세상이 내 편 같던 그 맛이 옴실거린다. 만사 제쳐두고 나만의 맛을 찾는 하루. 전을 부친 뒤에 이튿날 한 번 더 구워 꾸덕하게 만든다. 마른 전과 튀김을 뚬벅뚬벅 썰어 넣은 된장찌개는 쫄깃하고 고소한 것이 그런대로 옛 맛이 난다.

김이 오르는 밥과 따뜻한 찌개는 먼 길 돌아 온 위로의 편지다. 한 숟갈 숟갈마다 엄마 말이 풀꽃처럼 돋아난다.

그래 그렇지. 삶이란 그냥, 살면 살아진다. 골목길 돌아들면 큰 길이 나오는 법. 찌개 한 숟갈 푹 떠서 그리움 섞어 삼킨다. 세월 우러난 국물 맛에 콧등이 시큰하다. 짜한 맛이 온몸을 감아 흐르면 어디선지 힘이 오른다. 살맛이란 이런 것, 이제 다시 일어서기다.

문득 고추 장떡이 먹고 싶어서 검색을 했다. '고추-장떡' 하는 법이 없다. 대신 비슷한 이름의 '고추장- 떡' 요리만 수북이 있다. 밀가루에 고추장을 넣는다고 되어 있다. 그것도 프라이팬에 노릇노릇 굽는단다. 굳이 이름을 붙이자면 고추장 전이랄까.

쪄내어야 떡이다. 그래서 고추 장떡이라 불렀는데 '떡' 이란 이름은 그냥 의미 없이 달려있다. 프라이팬에 부치는 게 아니라 떡처럼 찐다고요! 말하고 싶다.

추억이 녹아들어 기억도 선명한데 한 세대 가기 전에 고추 장떡이 사라졌다. 마른 전 찌개도 마찬가지다. 주의사항에 밀가루 넣은 전은 풀어지므로 넣지 말라는 글도 있다. 먹어본 적 없는 소리다. 제대로 꾸덕꾸덕 하면 풀어지지 않는다. 적당히 스며 나와 조금 걸쭉해질 뿐이다. 국물에 우러난 고소한 맛이 입 안 가득 퍼지면 밥도둑이 따로 없다.

명절이면 손님을 후하게 챙기려니 음식이 남는다. 남은 음식을 버리지 않고 잘 먹는 방법이 잡탕찌개다. 요즘은 명절 별미로 매김 하여 입맛을 돋운다.

생각해보면 잡탕찌개나 마른 전 찌개도 오랜 지혜가 낳은 그때그때 음식이다. 무엇이든 절약하던 시절, 전 한 조각도 허투루 하지 않고 말리거나 찌개로 달리 썼다. 환경보호에 자원절약까지 일석이조다.

그때그때의 별미는 두루두루다. 음식이 귀하던 시절, 이웃집 제삿날의 고소한 냄새는 음식이 온다는 맛있는 편지다. 제주들은 두루 나눠 줄 음식까지 후하게 만든다. 특별한 날 핑계로, 형편 어려운 이웃도 어색함 없이 음식을 받는다. 먹을 것이 궁색한 시절, 나 먹자고 만들지는 않지만 길흉사 등 특별한 날이면 나눌 것까지 넉넉히 마련했다.

미니멀 라이프. 조금씩 필요한 만큼이란 요즘의 신조어다. 핵가족 사회에서 낭비를 줄이는 의미도 된다. 넉넉하게 장만하던 어른들은 야박하다 하겠지만 과소비를 막기도 한다. 하지만 예전에는 많이 장만한다고 낭비는 아니었다. 혼자 먹으니 음식이 남지, 두루 나누면 버릴 것이 없다. 평소에도 이웃 간에 음식을 주고받으니, 남은 음식 먹기보다 늘 새 음식을 먹는 셈이다.

요즘의 전기 압력밥솥은 고추 장떡 찌려고 해도 두루쓰임이 안 되어 힘들다. 밥이 한소끔 끓은 뒤에 얹어야 하는데 중간에 열면 김을 뿜는 압력솥이 터질까 걱정이다. 중간중간 열어 된장도 얹고 계란찜도 하던 절충의 순간이 없다. 밥솥도 '두루두루' 쓰임이 사라졌다.

귀한 음식도 나누고 배고픈 이웃도 챙기던 두루두루 사회가 멀어진다. 나눔이 없는 일상에서 남은 음식은 쓰레기가 된다. 주고받음이 서툴러서 남으면 차라리 버리는 게 편하단다.

나눔이 오가던 삶이, 필요 없는 것들에 뭉뚱그려져 함께 밀려가고 있다. 살아보니 삶이라는 것이 별스런 일이 아니었다. 그때그때 사정 따라 두루두루 함께 할 때가 마음도 여유로웠다.

두루두루 그때그때. 음식 기다리던 설렘을 곳간의 보물처럼 슬쩍 들춰본다. 따뜻했다. 넉넉하지 않아도 넉넉한 듯 살았다. 솟아나는 그리움이 그 징표라 할까.

속 편하게 사는 법

 십대 초반부터 눈이 나빴다. 불편하게 지내다가 안경을 끼고 난 뒤 신세계를 경험했다. 남들은 이리 또렷하게 보고 사는구나. 그런데 안경을 끼면 불편한 점이 한 두 가지가 아니다. 하루 종일 껴야 하는데 귀가 아파서 도저히 오래 낄 수가 없다.

 참다못해 안경점을 찾았다. 나도 몰랐던 나의 얼굴. 육안으로는 구별이 힘들지만 귀 높이가 미세하게 다른 짝귀라고 한다. 귀 높이가 달라서 안경다리가 틀어지는 것이다.

 기왕에 생긴 귀는 옮길 수 없으니 안경을 자주 고칠

수밖에. 수시로 고치자니 번거롭기 짝이 없다. 할 수 없이 안경을 들고 다니며 필요할 때만 꼈다.

안경을 처음 끼면 걸을 때 조금 어지럽다. 나는 안경을 오래 사용했어도 글자를 볼 때만 써서 움직일 때는 늘 처음처럼 불편하다. 그런 이유로 안경을 끼고는 거의 움직이지 않는다.

어느 날이었다. 안경을 끼고 TV를 보다 주위를 돌아보니 먼지가 너무 눈에 띈다. 그냥저냥 깨끗했는데, 현미경으로 본 듯 청소할 곳이 눈에 확 들어온다. 안 그래도 바쁜데 청소도 더 많이 하게 생겼다.

으음 안경을 쓴 채로 주위를 살피는 일은 되도록 삼가야겠다. 먼지가 덜 보여야 마음이 편하다. 청소하느라 하루를 보낼 수는 없는 일. 아, 이런 얘기는 하면 안 되는데. 지저분하고 게으른 여자임을 만천하에 공표하다니. 눈치도 없이….

하여튼 나는 이래저래 눈치 없는 인간이다. 눈치에도 안경이 필요하다. 눈치가 없다는 말을 종종 듣는다. 상대가 은근히 암시해도 눈치를 못 챈다. 그래서 나는 불편

없이 넘어간다. 모임을 마친 사람들이 살짝 불편하다해도 내 대답은 늘 "그랬어요? 나는 잘 모르겠던데"로 끝난다. 돌아오는 대답도 한결같다, "몰랐어요?" 하긴 친구들도 늘 놀렸다. 니는 본래 눈치가 없잖아!

나는 대부분 생각하는 바를 솔직하게 말한다. 묻고 싶은 것 있으면 바로바로 물어보고. 그렇다고 남의 마음을 아프게 한다든지 사적인 질문까지 한다는 것은 아니다. 그나마 다행이라 생각 들어 웃는다.

장소나 상대에 구애 없이, 공식적으로 궁금한 사항이 생기면 솔직하게 물어본다. 동행에 의하면 아침 인사 하듯이 아주 아무렇지도 않은 표정으로 물어본단다. 실제로, 나도 별다른 속 뜻 없이 그냥 자연스레 물어보는 중이다. 궁금하면 묻는 게 맞지.

나름 고쳐볼까 싶어서 친구들에게 조언을 구한다. 다른 사람은 그런 질문 선뜻 하지 못한다고? 그럼 나도 앞으로 조심하며 질문을 하지 말까. 아니 니는 해도 돼! 니는 아무렇지도 않은 듯 말하니까 그리 껄끄럽지도 않고 곁에서 봐도 아주 자연스러워. 그러니 쭈욱 니 식대로 살

아. 하하하 나를 사이에 두고 큰 소리로 웃는다.

눈치 없는 나는 고치기를 포기하고 친구 말대로 그냥 내식대로 살고 있는 중이다. 아니 눈치 있게 살려 해도 눈치 있게 사는 법을 몰라 실천도 어렵다. 어떻게 하면 눈치가 생기는지 모를 일이다. 학습이라도 해야 할 판이다. 아! 그런 것이었어? 상황을 듣고 나면 깨닫지만 매양 같은 일이 아니라 도대체 발전이 안 된다.

눈치와 상관있는 일인지는 모르지만 나는 얼굴 글쓰기도 솔직하단다. 싫고 좋은 생각을 숨기지 못하고 얼굴에다 그대로 쓴다나. 세상을 요령 없이 사는 모양이다. 적당히 가리고 알맞게 타협해야 하는데 왜 그것을 얼굴에다 표시하는지 모르겠다. 얼마간 눈치가 있어야 두루 뭉술 살 텐데 여러모로 눈치는 내 편이 아닌가 보다.

한데 나도 억울하다. 아니, '기면 기고 아니면 아닌 것' 이지 눈치 주며 알아서 생각하라 할 것이 뭐람. 그냥 솔직하게 말해주면 좋겠다. 안 그래도 복잡한 세상, 살기가 더 어려워질 필요 있남. 눈치 볼 일 없이 편하게 산처럼 물처럼 살면 될 것을.

불쑥 들어오는 질문 하나. 혹시 눈치가 없는 것이 아니라, 없는 '척' 하는 것이 아니냐고. 아이고 뭔가를 들킨 기분이다. 그럴지도 모른다. 글쓰기는 부족한 재주 탓에 하루 종일 끙끙대며 애쓰는데 눈치는 없는 줄 알면서 노력도 안하다니. 어쩌면 나는 눈치가 '없고 싶'은지도 모른다. 어쨌거나 나는 이대로 불편하지 않다.

눈치 없는 나, 오늘도 나만의 방식으로 속편히 사는 중이다.

2부

그대 덕분입니다

자고로 욕이란

 살다보니 욕을 쓸 일이 별로 없었다. 운이 좋았던 게지. 몇 해 전 고등학교에 집단상담 수업을 갔다. 요즘 학생들은 체격이 좋다. 그중에서도 녀석은 내가 올려봐야 될 만큼 키가 크고 덩치는 두 배가 넘는다. 반마다 한두 명씩 왔는데 제가 뽑힌 것이 불만이었던 덩치 녀석. 숫제 내 귀에 대고 위협하듯 불평을 한다.

 "아이 씨이이발! 이딴 곳은 왜 가라하는지."

 수업을 하려면 집중을 시켜야 한다. 시작이 이러면 마칠 때까지 몇 달이 헛방이다. 더 이상 번지지 않게 긴급 처방이 필요하다. 나도 모를 순발력으로 말 떨어지기 무섭게 대꾸를 했다. "아이 씨이발 오늘 수업 와 이리 하기 싫노" 흘깃 쳐다보기에 한 번 더 뱉았다. 씨발.

순식간에 주위가 조용해진다. 초면에 대놓고 욕하는 저질 선생이라니. 흠칫 쳐다보던 덩치 녀석이 말없이 자리에 앉는다.

이제야 터놓는 비밀 한 가지. 그때 나도 엄.청 당황했다. 녀석의 욕에 나의 욕설에. 순간적인 대처가 욕이었고 아무렇지도 않게 내뱉는 나를 보고 놀랐다.

보통은 부드럽게 다가간다. 너희들과 자알 통해. 무엇이든 들어 줄 것이란 마음을 노골적으로 드러낸다. 그러면 머뭇거리다 어정쩡하게라도 다가온다. 하지만 이날은 의도와 다르게 걸쭉한 판이 되어버렸다.

나는 키가 많이 작은데 덩치조차 작다. 게다가 조물주의 실수인지 욱하는 성질도 얌전히 감춰져 있다. 겉모습으로 치면 조막만한 순둥이, 애들 말로 '완전 물'이다.

녀석에게 나는 귀찮은 꼰대 일테니 큰 덩치로 나를 압박하려 든 것이다. 분위기 사수를 위해, 고개 당당히 들고 한가락 하는 것처럼 거들먹거렸다. 코미디가 따로 없다, 가당키나 한 그림인가.

순식간에 식어버린 교실 분위기. 하지만 반전은 존재한다. 녀석들이 좋아하는 것을 알고 있는 나, 쥬스와 빵을 꺼낸다. 먹거리도 맘에 들려고 고심해서 고른다. 나를 괜찮다 느끼도록 밑밥을 놓는 중이다. 반쯤 허당으로 보여야 녀석들이 다가온다.

의외로 말이 없는 덩치 녀석, 다가가 과자 하나를 하나 더 슬쩍 놓고 온다. 반항이 심할수록 여리고 상처가 많을 수 있다. 또 의외로 단순해서 정이 갈 때가 많다. 큰 소리로 짖는 것은 두려움이라는데 숨겨진 두려움 잘 걷어지려나.

돌아오는 길에 수업을 같이 한 바다선생님이 자꾸 웃는다. 오늘 나의 순발력을 자랑했더니 1초 만에 돌아오는 대답. 다음 수업 때는 소용없다. 욕을 듣는 순간 웃음 참느라 힘들었는데 학생들은 당황해서 놓친 것이라고. 자고로 욕이란 찰지게 해야 하는데 나는 교과서 읽듯이 했단다.

나는 다시 욕을 해보았다. 듣자말자 배꼽 빠지게 웃는

선생님. 운전 제대로 하게 욕하지 말란다. 욕 듣고 이리 웃기 처음이라고. 톤의 높낮이도 없이 책 읽듯 하는 욕이라니. 다음에는 눈치 챌 것이다, 들키지 않으려면 얼굴을 보지 말라고. 욕이란 말하는 얼굴 표정과 일치해야 한다는 특급 조언.

오는 내내 연습을 하다가 드디어 찾았다. 내게 맞는 욕은 '씨'를 조금 낮고 길게 빼다가 '발'을 짧게 발음하면 그나마 찰지게 들린다. 덧붙이는 말들도 높낮이 있게 붙여야 한다. 씨이발! 오늘 수어업(업을 조금 세게) 와이리 안 되노! 오 그럴싸하다.

두 번 째 수업 시간, 팽팽하던 긴박감은 조금 누그러졌다. 욕 때문인지도 모른다. 당황이든 아니든 말 한마디에 덩치도 더 이상 대들지 않았으니까. 지나서 생각하니 연습을 왜 했을까 싶다. 그렇지만 오는 내내 유쾌?했던 건 사실이다. 생각할수록 가관이다. 아, 나의 어설픔이라니.

날이 거듭 될수록 마음을 열던 아이들. 종일 엎드리던 녀석이 어느 날 마주 웃으면 찌릿함이 올라온다. 조금씩 자신을 드러내면 더 가까이 갈 수 있다.

마지막 주, 수업 시간에 나는 진정으로 얘기한다. 고난은 보물이 될지도 모른다고. 긴가민가 하는 녀석들은 내 고교시절 얘기를 들으면 좀 더 다가온다. 저들의 사는 형편과 비슷하니 공감이 되는 게다. 세상에 공짜는 없다. 나의 지난한 삶이 약이 되다니. 게다가 생활에 도움도 준다. '가난아 고마워'할 판이다.

학교 현관 앞에서 덩치를 마주쳤다. 녀석이 쑥스럽게 웃으며 하는 말인즉 '대학'을 간다고. 쾌재를 감추며 물었다. "아니 고등학교도 그만 둔다더니 웬일이야. 왜에 쭈우욱 노시지 그러셔? 욕도 적당히 하면서?" "아이 샘, 왜 그래요 한번 잘 해보려는데" 체격도 두 배나 되는 녀석이 농 섞인 내 말에 곤지랍게 웃는다. 이 아이가 덩치와 욕으로 위협하던 녀석이 맞나 싶다. 자신이 하던 욕. 타인이 그대로 들려줄 때 어찌 느꼈을까. 그날 녀석은 종일 말이 없었는데.

학교를 그만 다니려던 녀석들. 이름은 몰라도 얼굴은 그린 듯 떠오른다. 할머니와 둘이 살던 덩치 녀석 지금 대학 3년생쯤 되었겠다. 녀석도 그날을 떠올리며 웃고 있을지 모른다. 에이 덩치! 정원사 되고 싶다더니 꿈대로 선택했냐. 나 기억나지? 한 턱 낸다더니 소식이 없네. 빨랑 와라이 늦기 전에.

같은 일 다른 기억

 집주인이 지붕을 뜯었다. 땡전 한 푼 없는 세입자가 집을 비우기로 한 날에. 벽만 두고 기와를 모두 걷어냈다. 본래 기와란 벽체에 얹는 것이니 뜯어 낸 가장자리도 그리 울퉁불퉁하지 않았다. 그 와중에 이런 사소한 것이 기억나다니 모를 일이다.

 오래 전 학창시절, 빈 집에 몇 달간 공짜로 살았다. 가세가 기울어 빈털터리가 되었을 때 처음으로 장사를 시작한 엄마는 하루라도 쉴 형편이 아니었다. 엄마는 장사를 빨리 파하고, 우리도 학교에서 빨리 오기로 했다. 가까운 곳이라 직접 짐을 나르면 비용이 절약된다. 그런 사정을 모르는 주인이 우리가 이삿날을 어기는 줄 알고 지붕을 뜯은 것이다.

지붕 위에 박이 둥글둥글 얹힌 화면을 보다가 문득 지붕 없던 날이 생각났다. 원망이나 한탄이 아니라 그냥 오래 전에 있었던 일로… 같은 일을 동생은 다르게 기억하고 있었다. 초등저학년이던 동생은 엄마의 망연자실한 얼굴이 기억난다고 했다. 중학생인 나보다 동생이 빨리 왔을 테고 엄마는 미처 당황한 얼굴을 숨기지 못했나 보다. 짐작일 뿐이지만.

동생은 주인이 좀 너무했다 생각은 있었다고. 원망이라기보다 그냥, 조금 심했다 정도의 기억이라 한다. 동생보다 늦게 도착한 내가 먼지투성이에(기와 지붕을 뜯었으니) 놀라자 엄마는 담담한 얼굴로 주인에게 제대로 연락 못한 엄마 탓이라 했다. 덧붙여 몇 달간이나마 잘 지냈음은 고마운 일이라 한다. 언니는 특별한 날의 기억이 동생과 나보다 작았다. '그래 지붕이 없었지' 언니가 왔을 때는 이미 지붕은 잊고 열심히 이사를 하고 있었기 때문일 게다.

같은 날에 지붕이 없어져도 각자의 기억은 달랐다. 엄마가 당황을 숨기지 못했을 때와 별일 아닌 듯이 마무리할 때. 동생은 내 글을* 읽어서 다행이란다. 너무했다 생각할 일이 아니었다고. 바꿔 생각하니, 요즘말로 '빼째라 하는 골통 세입자'로 오해받을 일이었다며 웃었다.

지붕 이야기를 하다가 똥과자 이야기로 깔깔댔다. 우리는 엄마를 도우려고, 궁리 끝에 그 집 대문 앞에서 똥과자를 팔았다. 뽑기 장사를 흉내낸 일은 선명한데 마무리는 기억에 없다. 근데 돈은 벌었어? 동생이 물었다. 아니 돈 번 기억은 없어. 생각해봐라 어린 우리가 뭘 제대로 했겠어? 그래도 언니는 중학생이었잖아? 그게 그거지. 배를 잡고 웃었다. 우리의 엉뚱함에.

비록 빈 몸이 되었어도, 살던 동네를 떠나지 않고 그곳에서 일어섰던 엄마. 우리도 그냥 있기보다 뭔가를 할 생각이었나보다. 넘어졌을 때 가장 먼저 할 일은 '벌떡 일어나기'다. 왜 넘어졌는지 어떻게 할 것인지는 차후 문제, 엄마처럼 일단 일어서고 볼 일이다. 툭툭 손 털다보면 넘어진 건 지난 일이 된다.

그때 나는 '에구 한번 물어나 보시지' 말도 없이 지붕을 뜯은 주인을 원망했다. 엄마는 "개천 나무라면 안되는 기라, 눈먼 봉사 내 한탄 해야제."하며 이사 시간을 주인에게 알리지 못한 우리 탓이라 했다. 듣고 보니 엄마 말이 맞는 것 같다. 하마터면 몇 달간 살게 해준 감사함도 모르고 원망을 품을 뻔 했다.

장사를 대강 끝내고 부랴사랴 와서 맞닥뜨렸을 먼지 쌓인 방. 하늘이 보이던 방안에 서서 우리 잘못이라며 '개천 탓 말라' 얘기하던 엄마를 생각한다. 이삿짐과 살림 보퉁이가 뿌옇게 먼지를 둘러쓴 황당함. 기억에 또렷이 남은 지붕 사라진 날이다. 그날, 그 일은 분명히 '별일'이었음에도 엄마로 인해서 별일 아닌 듯이 지나갔다.

나는 새삼 감사하는 법을 배웠다. 지붕 사라지고 없어도.

* 김명숙 산문집 『엄마는 멍을 꽃이라 했다』 중에서 「지붕 사라지던 날」.

동래, 동래아줌마

안녕하신지요 다대포아줌마입니다. 긴 시간을 만났지만 이름 석 자 주고받지 못했네요. 아직 동래에 머무시는지요. 혹 시인이 되셨는지 궁금합니다.

저는 이순을 넘겼고 제 아이는 어른이 되었습니다. 우연히 마주친 그때 저는 삼십대 아낙이었고 아줌마는 쉰을 넘기셨지요. 초면인 제게 글 배우기를 청하던 황당함을 기억합니다. 거절하던 그때가 미안합니다. 제 말에 발끝만 내려보며 차마 걸음 떼지 못하던 그 자리. 제 마음이 돌아선 순간입니다. 얼마나 간절했으면 생면부지 제 손을 잡았을까요.

이방인을 환대해야 됨은 그가 헐벗은 자로 내게 오기 때문이랍니다. 제가 한 환대를 생각합니다. 제게 온 손님. 동래아줌마를 받아들임이 어설펐습니다. 타인이 내게 오도록 내버려 두고 요구하지도 말기, 이름조차도 묻지 않는 것이 환대라 합니다. 겨우 한 가지 이름 묻지 않기를 지켰네요. 동래아줌마라 부르며.

8살과 5살 엄마. 바쁜 제게 맞추느라 동래에서 다대포까지 하루도 빠짐없이 오갔지요. 아줌마의 열정은 풀려난 야생마 같았습니다. 지각은커녕 '딱 한 시간'으로 약속한 시간이 두 시간, 종래는 아이가 돌아와야 멈췄네요. 마지못해 시작한 일에 제가 더 몰두했습니다.

간간이 들려주던 서러운 사정이 저를 흔들었습니다. 섬이라 학교를 못간 사연, 한글도 모르냐 비수 같은 남편의 말, 남편의 외도에도 글 모르는 죄인이라 참았더랬지요. 모진 세월 갈피마다 함께 글썽였습니다. 아들에게도 밝히지 못한 서러운 엄마의 비밀. 그 간절함은 깊은 몰입으로 다가왔습니다.

낱말을 쓰느라 손가락이 붓고 겨우 익힌 단어를 놓칠

세라 읽고 또 읽으며 목이 잠기고. 세상에 어찌 써야 손가락이 부을까요. 얼마나 읽으면 목이 쉴까요. 목이 쉰 아줌마가 처음으로 며칠 쉬던 날 저도 몸살로 앓았습니다. 살림 서툰 초보엄마가 살림에 한글에, 게다가 섣부른 열정까지 모든 게 벅찼나 봅니다. 설움 짙은 아줌마 마음을 읽으면 뉘라도 그러했겠지요. 불광불급不狂不及 미치지 않으면 미치지 못한다. 삶에서 특별한 시간 하나 꼽으라면 그 시절입니다.

읽기 쓰기가 되자 금단의 구역이던 은행 일을 해결했지요. 입출금쓰기 실전연습을 끝내고 드디어 은행 가던 날 '글자를 모르니 무섭더라'는 설움 털어냈지요. 출금용지 들고 벽 쪽으로 돌아서서 흔들리던 어깨를 기억합니다. 저도 먹먹해져 가만히 손잡아 드렸지요.

해냈다. 은행 문 나서며 뛸 듯이 좋아하다 후련함에 글썽글썽. 그 모습이 어제인 듯 살아납니다. 농협 지하 책방의 『어린이 탈무드』를 기억하시나요. 그날 아줌마가 생애 처음으로 산 책 이름입니다.

겪어보니 글자 읽기와 뜻 해석은 별개였습니다. 나이

가 있으니 해석은 절로 되리란 생각이 착각이었지요. 해서 어느 미망인의 시집을 선택하여 함께 읽었던 시간들. 미망인의 애끓는 삶에 아줌마의 절절함이 얽혀서 읽는 내내 눈시울 붉혔지요. 그때는 둘 다 왜 그리 눈물이 많았는지. 단어에 묻어나는 옛 일에 울컥, 이제는 그 말을 쓸 수 있어 또 눈물. 그저 눈물이 났지요.

 이해되지 않던 말, 끝내 묻지 못했던 서러움도 사전이 해결했지요. 이제 모르는 것은 사전만 보면 된다. 아줌마는 사전을 '말의 해결사'라 좋아했지요. 사전은 차암 대단했습니다.

 저도 자랄 때 힘든 세월 보냈습니다. 육아만으로도 버겁던 그때, 아줌마를 내치지 못함은 선수끼리 통해서였나 봅니다. 힘든 세월을 배겨낸 '인생 선수' 말입니다. 고백건대 글 배우려면 다대포로 오라 했지만 실행할 줄 몰랐습니다. 동래에서 다대포는 먼 길이니 포기하리라 생각했지요. 제 스스로 '선수를 내친 사람' 되기는 차마 싫었나 봅니다. 그럼에도 와주셔서 감사합니다.

 한글 깨치고 난 뒤의 연락 단절이 섭섭했나요. 인연이

소중해서 내내 망설이다가 전화번호를 지웠습니다. 제가 드린 마지막 성의입니다. '저도 서러운 시간도 모두 잊은 삶을 사시기를' 제 마음을 읽은 듯 아줌마의 전화도 오지 않았지요. 궁금한 마음은 세월에 묻히고 저도 사느라 바빴습니다.

돌아보니 고마운 세상이었습니다. 긴 세월 살아오며 갚을 일만 넘칩니다. 가난한 청소년인 저를 도와주신 분, 길 잃은 제 아이 때문에 휴가를 포기한 어느 선원 분. 살며 갚겠노라 했는데 잊고 살았습니다.

제서 빚지고 예서 갚는 게 우리네 삶이라는데. 인생 못다 갚은 빚, 아줌마와 인연되어 조금 덜었을라나요.

한글공부가 끝난 날을 기억합니다. 받기 버거운 선물을 주셨지요. 뿌리치는 제게 마음 편히 가게 해 달라, 눈물 어리던 아줌마. 이런, 그 좋은 날에도 울었네요 우리.

아줌마께 전하지 못한 말이 있습니다. 작은 일에 너무 과한 선물이었습니다. 힘들던 학창 시절 생각나서 초등학교의 '인생 선수'들에게 두루 나누었습니다. 고맙습니다, 덕분에 많이 행복했습니다.

삶이 반짝반짝 빛나던 순간이 그때였음을 이제야 압니다. 고맙다, 손잡는 눈물의 가치를 젊은 그때는 몰랐습니다. 농협 앞을 지나다 문득 봄꽃처럼 떠오릅니다. 하지만 이내 지웁니다. 그리움은 제 몫으로 두고 슬픈 기억일랑 들추지 마세요.

떠나며 남기신 말 맴 돕니다. 시인이 되고 싶어요. 시란 상처가 아문 자리에 피는 꽃. 삶 자체가 시였으니 고운 시인되셨겠지요. 어떤 위로의 시 쓰고 계신지요. 저는 이순을 넘긴 지금에야 글을 씁니다. 살면서 기억나는 일 쓰기, 그 첫 얘기는 동래아줌마였지요. 저는 아직 다대포에 삽니다. 농협도 책방도 그 자리에 있고요.

동래란 평범한 말이 제게는 특별합니다. 아줌마의 이름이니까요. 이제 동래와 다대포는 지하철 1호선으로 편합니다. 버스 갈아타고 먼 길 오시던 아줌마가 그립습니다. 숙제한 노트와 깎은 연필을 보물처럼 조심조심 펼치던 모습도요.

이제야 깨닫습니다. 타인의 인생에 스치는 일. 묵힐수록 짙어지는 지극한 무엇입니다. 삶속에서 제가 흔들릴 때 불꽃으로 피어 제게 오십니다. 고맙습니다.

평안하신가요. 다대포아줌마가 인사 전합니다.

자신에게 다정하기

 경험이 전하는 날것의 리얼함. 그 생생한 이야기를 책에서 만났다. 『고마워 우울증』이다. 정신과 의사인 본인도 어쩌지 못한 우울증. 그 우울증이 별거 아니라고 담담히 말하는 저자 미야지마 겐야. 사람들의 자기회복을 도우며 스스로 행복하다는 그의 이야기는 진솔하다.

 "우울증에 걸리기 쉬운 사람은 '이렇게 해야만 한다'는 고정관념에 사로잡혀 있는 경향이 있습니다. 그런데 이것은 결국 다른 사람의 의견이나 가치관입니다. 다른 사람의 가치관에 흔들리기 쉬운 사람일수록 우울증 환자 특유의 강한 성실함을 소유하고 있습니다. 다른 사람과 세상이 하는 말을 진지하게 받아들여 '나도 그렇게 해야 한다'고 스스로를 옭아매는 것입니다."

우울증에 걸리는 사람은 성실한 탓에 적당히 손을 떼지 못한다고. 우리가 지금 성실한 생각과 생활을 하고 있다면 그것은 곧 우울증에 걸릴 위험이 높다는 얘기라 한다.

세상의 가치관 대신 나의 가치관을 생각하고, 편안한 상태를 위해 노력하기. 좋고 싫은 것을 생각해보고 자신에게 솔직하게 살면 삶은 즐거워진다. 잘되지 않을 경우에도 스스로를 탓하기보다 격려해주자. 더 잘 하기 위해 연습 한 번 했을 뿐이다.

"우울증 증상은 나를 돌보아줘, 라는 몸이 보내는 사랑의 메시지라는 것을 받아들여주세요. 최선을 다해야 한다는 생각을 버리고 '할 수 있으면 오케이' 정도의 마음을 가지면 편합니다."

마음과 몸이 피곤할 때는 평소보다 더 많이 쉬고 회복하기. 쉬는 자신을 탓하지 말고 '쉬어도 괜찮아' 자신에게 말하기를 권한다. 힘들 때 적당히 손 빼기, 그런 발상

만으로도 왠지 편해진다.

자신이라는 존재를 인정하고 스스로를 무.조.건 사랑하기. 다른 사람이 주어인 고민은 내가 해결 못하니, 세상의 잣대로 자신을 평가하지 말자.

일이 즐겁지 않을 때는 사생활에서 보람을 찾아 즐기면, 그 기쁨은 삶의 의욕이나 돈을 받는 일에 대한 감사와 연결된단다.

자신에게 부정적으로 말하기보다 다정해야 한다는 말에 위로 받는다. 작심삼일이 되어도 '맞지 않네, 다음에 뭘 시작해볼까' 하면 된다는 그의 말에 웃음이 났다. 내가 나를 좋아하면 인생이 여유롭다. 사랑받고 있으니까.

"불안이 사라지면 약을 줄이거나 중단하는 것이 쉬워집니다. 자신을 믿으면 자연스럽게 약을 끊을 수 있습니다." 증상보다 원인에 주목하여 자력으로 복구하게 돕는 그의 마음이 보인다. 삶에 휘둘린 나약함으로 병치레를 하는 내게 꼭 필요한 처방전이다.

내 마음이니 나도 바꿀 수 있겠구나, 희망적인 순간에 마음속 돌덩이 하나 사라락 부서졌다.

우울증 증상이 생기면 사고방식과 인간관계를 다시 돌아보는 절호의 기회로 받아들이기. 원인을 발견하고 바꾸면 마음은 점점 가벼워지고 우울증에 대항할 수 있다. 우울증을 근본적으로 고치려면 사고방식과 삶의 방식을 바꾸는 것 또한 중요하다고 역설한다.

분노 슬픔 걱정이라는 감정으로 자신을 대하면 면역력이 떨어져 스트레스로 인한 질병에 걸리게 된다. 몸의 소리를 듣고 사고방식을 바꾸라는 그의 건의는 계속 된다. "과도한 스트레스를 받을 때 나타나는 여러 증상은 지금 상황이 괴롭다는 것을 알려주는 신호입니다. 그것을 깨닫고 자신을 힘들게 하는 생활방식을 바꾸면 증상이 사라집니다. 자신을 중심에 놓고 생활하면 건강도 좋아집니다"

그래 그래야겠지. 자신을 중심에 놓는 것. 이것은 이기적인 것과는 다른 맥락이다. 나를 위한 삶을 살라는 저자의 권고가 뼈저리다.

대다수의 질병이나 증상은 몸과 마음에 부담을 준 결과다. 몸의 주인은 알아채지 못했겠지만 몸은 수많은 경고 신호를 계속 보냈을 것이다. 저자는 인간들이 살아왔던 옛 방식대로 자연에 맞춰 사는 것도 필요하다 전한다.

있는 그대로의 나에게 솔직하고, 매 순간 기쁨을 느끼면서 살라한다. 몸이 보내는 경고를 무시하면 그것이 과로로 이어진다. 화재 경보기 울리는데 그냥두면 불길은 걷잡을 수 없이 커질 뿐이다. 이때 우울증은 지금 지쳤다는 것을 알려서 과로를 막는 역할을 한다니, 우울증도 쓸 데가 있다는? 엉뚱한 생각이 스친다. 못 말린다 정말. 이런 나도 좋아하기로 한다, 배운대로.

몸의 소리를 듣고 사고방식을 바꾸라는 그. 누누이 말하듯 우울증은 지금의 생활방식이 괴롭다는 것을 알려주는 메시지다. 따라서 꼭 무엇을 해야만 한다는 사고방식을 점검하고 새롭게 바꿔야 한다.

컨디션이 좋아지는 식습관을 찾고 기분이 좋아질 만큼 몸을 움직이기. 멍하니 있는 시간을 갖기. 경쟁사회 속에서 나만의 행복 가치를 찾아 나서기 등을 권한다.

내가 믿을 것은 오직 '나'뿐이니 자신을 소중히 챙기자. 모든 것을 받아들이고 안고 있는 것은 버려야 한다.

타인에 대한 감정이나 분노로 자신을 괴롭히면 어리석은 손해다. 오직 '자신을 위해서' 힘든 감정이나 분노를 버려야 한다.

버리면 안고 있을 때보다 훨씬 편하다. 내가 편하려면 억울해도 버려야 한다. 그런 뒤에 내가 하고 싶은 것, 즐겁다고 생각하는 것을 따라 가보기. 내가 주인공이 되는 인생을 만날 것이다.

감정의 바다는 '내가 선장'이니 배를 몰고 어디든 갈 수 있다. 스스로를 온전히 믿으면 가장 좋은 길을 선택하게 된다.

"좋은 것도 나쁜 것도 나의 것. 편안한 마음으로 행복해지고 싶은가요? 모든 것을 있는 그대로 받아들이고, 껴안고 있는 것은 과감히 버리세요"

마음하나 어쩌지 못해 휘둘리던 나. 그가 전하는 울림에 긴 터널을 벗어나 새벽의 미명을 만난다. 건강한 몸과 마음을 만드는 것, 의사도 할 수 없고 나만이 가능하다. 다 괜찮다 나는 나다. 소중한 나.

『고마워 우울증』이 고맙다. 미야지마 겐야 그를 만나

참 다행이다. 고마워 미야지마 겐야.

선장,

키를 돌리자

내 방향으로!

우즈베키스탄 그녀

ㅅ센터에서 상담 협조를 요청한다. 힘든 이를 돕는다니 거절을 못했다. 일을 접하자 나는 우물 안 개구리였다. 세상을 너무 얕본 것이다. 애당초 얽히고설킨 고통과 절망으로 무력해진 내담자들, 하나하나가 말로만 듣던 기막힌 삶이었다.

제대로 힘이 되지 못하는 나를 직면했다. 위로를 주기보다 상처받고 부서졌다. 물러나려 해도 가시 걸린 듯 불편했다. 신뢰 저버릴 내가 싫어 스스로를 달랬다. 어떻든 해야 한다, 도망가지 마.

얄팍했던 앎을 버리고 매순간을 이어가니 조금씩 길

이 열렸다. 상담의 대부분은 갈등을 다루지만 예외도 있다. 엄마 노릇을 잘하고 싶은 그녀. 아이가 좋아하는 전을 만들지 못해서 슬프다. 부족한 인지능력은 그 일을 두렵게 했다. 상담보다 전 부치는 게 나을 수도 있다.

그녀에게 맞는 레시피를 만들어 자잘한 설명을 곁들였다. 물 1컵에 밀가루가 1컵 그리고 부추 한주먹. 딱 두 장만 구울 양이다. 양을 늘리려면 한 번 더 하면 된다.

상담시간에 컵 밀가루 국자 양푼이 부추 등이 담긴 커다란 보퉁이를 덜그럭덜그럭 들고 갔다. 마주앉아 레시피를 읽고 또 읽어 연상한 뒤에 보퉁이를 푼다. 멈칫 물러서는 그녀에게 '한번만'을 부탁했다. 재료를 다루는 꾹 다문 입술이 전장의 병사처럼 비장하다. 한 국자 얹은 뒤에 고루 펴주기(평범한 이에게는 당연한 일이지만)까지 무사히 마쳤다.

버무린 재료와 레시피를 안고 밝게 웃으며 '전'장에서 이겼다. 후에 그녀가 말했다. 생각보다 쉬워서 좋은 엄마 되었다고. 그 말 맞다, 아이와 맛난 것을 먹으면 좋은 엄마지.

우즈베키스탄 그녀는 초등생 딸, 나이 든 남편과 괴정동 산비탈에 살았다. 눈물 나게 고달픈 삶 때문에 만났지만 더 절실한 일이 있다. 연거푸 떨어진 귀화시험. 국적 문제가 해결 되려면 이번에는 꼭 붙어야 한다. 내 오지랖으로 상담은 1:1 과외가 되었다.

둘은 세상 끝날 듯이 몰두했다. 기출 문제집을 풀고 만날 때마다 필수 예상문제인 애국가를 4절까지 불렀다. 6.25를 자꾸 틀리더니 눈물의 이산가족 얘기로 단박에 기억했다. 역시 아줌마는 스토리에 강하다며 한목소리로 웃었다. 세종대왕 임진왜란 남해 명절 친족 촌수. 예상 문제를 요약해서 외우고 면접 대비한 실전연습까지 마쳤다. 나는 심사관처럼 질문하고 그이는 대답하고.

발표 날, 제일 먼저 내게 전화했다며 "저 합격했어요." 와아이! 탄성을 질렀다. 너무 좋아서 마트란 걸 깜박했다. 까칠한 눈길에 정신 차렸지만 물건 담으며 헤실거리고 계산대에서 실실 웃고. 뙤약볕에 물길 터지듯 온몸을 감아드는 저릿한 희열. 그녀가 내게 준 선물이다.

96번 버스를 타고 다대동 초입에 이르면 나를 만나 좋앉다는 그이가 떠오른다. 그녀는 정류장 오른편의 이층 공장에서 부품 조립을 한다. 6.25 얘기에 고향 떠올리며 글썽이던 그녀. 스무 살 늦은 나를 '언니라 부르고 싶어요' 수줍던 그녀. 똥그란 눈이 귀엽던 딸은 중학생이 되었겠지.

<"우즈베키스탄에서는 우리를 외국인이라 하고, 한국에 오니 여기서도 외국인이라고 해요. 우리는 고려사람, 한인이에요". 고려인들에게 삶은 언제나 투쟁의 연속이었다. 주린 배를 움켜쥐고 황무지를 개척할 때도, 독립운동을 하며 연해주를 누빌 때도, 40일 동안 시베리아 벌판을 달리던 강제이주 열차 때도, 살아야 했고 살아남아야 했다. 토굴을 파고 겨울을 나야 했던 혹독한 1937년의 겨울에도 이들은 살아남아서 황무지를 농장으로 만드는 기적을 일구었다. 반기는 이 없는 곳에 정착해 살아냈던 이들이 고국에 돌아와 저마다 삶의 씨앗을 뿌리고 있다'.> 올해 2월의 오마이 뉴스 기사다.

그녀가 그런 삶을 살다 온 것인가. 고국에 와서도 저처럼 슬펐는데. 그때 더 잘할 것을. 그날의 합격으로 부

초 같은 생이 못가에 닿았을라나. 동짓달 바람 같던 그녀의 삶. 잠깐 동생 이름조차 까무룩한 그녀의 일상이 봄볕처럼 따뜻하기를 바람에 실어본다. 서성이는 내 3월의 봄빛이 그녀에게 닿기를.

타인의 삶이 버겁지 않다면 거짓말이다. 때로 슬픔이 전이되어 한계를 느끼면 상담 입문 시의 풋풋한 불씨들을 생각한다. 달궈진 구들은 불씨 없어도 따뜻함을 잃지 않는다지. 외면하지 않고 돌아서서 다행이다.

다시 바람이 분다 해도, 지금 여.기.에.서 회피보다 직면을 택하리라. 휘청이며 흔들리지만 그래도 이 길을 걷는 이유. 나를 기다리는 누군가 있을 것만 같아서.

힘들다 기준.
같은 아픔도 더 큰 고통 앞에 놓이면 '까짓것' 정도 밖에 안 된다.
까짓 세상, 한번 살아보기다.

다만 있을 뿐

 흙이 사라진 도심에서 용케 나뭇가지를 나르는 까치를 본다. 애면글면 집짓기에 마음이 쓰인다. 둥지가 완성되고 까치를 잊었는데 한날 아침 극악스레 악악대며 동네를 흔든다. 까마귀소리도 섞여 있다. 소음으로 여겨지는 새 소리, 살다 처음이다. 까마귀 소리는 울림이 큰데 비해 까치는 목청껏 질러도 소리가 얇다.

 까마귀와 까치에 아는 바 없지만 그날 두 새의 몸집과 소리 차이는 컸다. 까마귀가 까치둥지를 노리나보다. 크고 검은 날갯짓에 윤기가 번질번질한 까마귀와 잘빠진 옷처럼 맷집 작은 까치는 동네가 떠나가라 싸웠다. 날아오르고 소리 지르고 동물의 왕국 생존편이 가관이다. 작은 새의 사생결단 지키기에 큰 새의 약탈은 무산됐다.

크다는 말이 주는 무게를 생각한다. 덩치가 유독 큰 이는 딱히 위세 떨지 않아도 곁에 있기 편치 않다. 영화나 드라마도 힘 깨나 쓰는 건달들은 다들 체격이 크다. 자그마한 체구로 큼직한 사람을 위협하는 상상은 실수한 그림처럼 어색하다. 큰 사람과 작은 사람이 싸우면 그냥 작은이가 억울한가 생각이 든다. 작음에도 맞서는 데는 이유가 있으리라 지레 짐작이다.

작다에 스미는 호의적 편애. 잘잘못을 따지기 전에 왠지 작은 것이 약자인 것 같다. 어린 동생이 큰애의 물건을 탐내도 꾸중은 큰 쪽이다. 나이 작아 모르니 네가 참아라. 억울함의 당위성은 '나이 작은'에 가린다. 실컷 젖을 뺀 강아지가 허기진 에미 밥을 탐해도 몹쓸 것이 아니다. 작은 게 먹어봤자 얼마나 먹는다고. 억울과 연민에서 작은 것의 가산점을 종종 본다.

"왜 힐을 신지 않아요? 꼭 신어야 하나요, 신으면 더 크게 보입니다" 교실에서 첫줄 붙박이던 작은 키. 그리

작음에도 낮은 신만 신으니 달리 보인 게다. 되짚으니 힐 신던 기억이 드물다. 큰 키가 낫다는 통념 넘쳤지만 큰 키보다 발 편함이 우선이었다. '큰'에 동경이 없었는지 굳이 '작은'을 숨기지 않았다. 문득 드는 생각, 나도 '작은'의 이득이 있었을까. 작은 것의 페르소나.

존재하는 모든 것들은 다만 있을 뿐 크거나 작지 않다. 3은 5보다 작다. 하지만 2보다는 크다. 3이 '작은'에서 '큰'이 된다. 3은 3일 뿐 작지도 크지도 않다.

세상의 비교에서 크고 작은 분별이 생긴다. 홀로 3으로 있을 따름인데 때에 따라 크거나 작게 분별한다. 한 사물이 큰과 작은을 오가는 것은 '있는 그대로'를 놓친 때문이다.

까치 울음이 여느 날과 다르다. 겉대중 가늠에도 별난 소리라 눈길이 갔다. 전과 달리 이번 까마귀는 까치보다 몸피가 아주 작다. 덜 자란 새끼인지 종류가 다른지 모르지만 두어 달 전의 까마귀는 아니다.

까치가 날카롭게 깍깍대며 작은 새를 손에 쥔 듯 휘두른다. 저 조그만 하룻까마귀 까치에게 대들다니, 이기지도 못하겠구먼. 어림없는 시도로 싸움은 싱겁게 끝났다. 맥없이 사라진 까마귀. 먹이 찾던 중인가, 쉬다 갈 참이었나 안쓰러움이 꼬리를 이었다.

까마귀와 까치. 싸움 형국은 사뭇 같은데 둘의 덩치 따라 마음이 변한다. 덩치 큰 까마귀는 탈취로 보였는데 조그만 까마귀는 생존으로 보였다. 큰 까마귀 쫓겨날 때, 까치 편이 되어 후련했는데 작은 까마귀는 쫓김이 안쓰러웠다.

같은 까마귀인데 새 몸집 따라 약탈에서 생존으로, 미움에서 연민으로 마음이 돌아선다. 똑같은 사건에 딴판 시선. 비교에서 잉태된 인식의 오류다.

'작지도 크지도 않다' 툭 터지는 소리 하나 소낙비로 내려온다. 비교, 분별에서 흔들리지 않기. 치우치지 않으려고 허우적허우적 중심을 잡는다. 스쳐 지난 큰과 작은을 생각한다. 억울하다 큰 것, 연민 뒤에 숨어 크는 작은 것. 이크! 그새 돋는 또 다른 편견이다.

그냥 그대로 보기.

다만 있을 뿐인 모든 것에 대하여.

백두산 호랑이 간밖에 없소

010-47** **** 임대. 벽에 붙은 붉고 커다란 글씨. 무심히 지나치다 지난일 떠올라 새삼 눈에 든다. 아직도 그분이 건물 주인이실까. 이제라도 고맙다 인사 전해야 하나.

오래전 겨울, 시민회관에서 용솟음 극단의 <백두산 호랑이 간밖에 없소>가 공연 중이었다. 사하구는 부산의 변방이었고 그중에서도 다대동은 더 외곽이었다. 쉽사리 아동극 접하기 힘들겠구나, 아쉬운 마음이 들었다. 극이 끝나기를 기다린 뒤 다대동으로 공연을 부탁했다. 공연 볼 아이가 없을 것이라 생각해 선뜻 응하지 못한다.

달리 방법이 없어서 최소 경비로 극단과 계약(달리 붙일 이름이 없어서)을 했다. 무료나 진배없다. 나는 당장에 다대동의 장소를 물색했다. 신축 건물인데 넓은 3층이 비어있었다. 건물주에게 하루만 빌려주기를 간청했다. 중년의 그분은, 수익목적이 아니란 말에 청소비만 받았다. 생면부지 나를 믿어주다니, 더구나 새 건물인데. 아무튼 고맙다며 넙죽 빌렸다.

시민회관 공연 후 남은 포스터를 챙겨왔다. 공연 날짜와 시간을 프린트하여 덧대고 삭제 문구는 매직으로 굵게 그었다. 덧붙이고 줄긋고, 기상천외한 포스터를 동네 곳곳에 붙였다. 암막 커튼이 없어 검은색 마분지를 창문에 붙이고 입장권은 밑동을 잘라내고 썼다.

인근 초등학교는 각반에 초대권을 나누며 '저소득 아이에게'란 당부도 곁들였다. 유료 입장은 1000원으로 했다. 얼마가 되건 공연비에 보탤 예정이었다.

초대권이 연극 홍보의 매개가 될 줄이야. 소문이 퍼져 3층 공연장에는 한 시간 전부터 길게 줄을 섰다. 중학생인 큰 아이 친구 5명이 각층 계단과 바깥 줄서기의 안전을 도왔다. 3층에서 내려 온 줄서기는 옆 건물을 돌아 골목까지 늘어섰다.

공연이 열리는 것만도 감지덕지라 1회 공연을 부탁했는데 기왕 설치한 무대라며, 극단에서 2회 공연을 자청했다. 1회였으면 아이들 열망을 감당 못 할 뻔했다.

쭈뼛쭈뼛 나를 찾아 온 한 아이. 자기는 돈이 없는데 볼 수 없냐고. 빙고! 그 말을 듣는 순간 정말 좋았다. 공짜로 달라는데 좋다니. 애초에 내가 생각했던 간절히 보고 싶은 아이, 바로 이런 녀석 아닌가. 얼마나 절실했으면 달궈진 얼굴로 떠듬떠듬 말을 꺼낼까.

'다음에 갚아, 공짜 아니야' 표를 건네던 내말에 휘둥그레 묻는다. 예? 언제요오?. 나아아중에 어른 되면. 어떻게 만나요? 그때 되면 알게 되지. 이해 못한 눈빛이지만 일단 표를 받았으니 신나서 뛰어간다. 쭈뼛거림은 간데없고 통통 튀는 뒷모습, 내 마음도 통통 날았다.

그날 공연이 끝나고 연이어 5개 극단이 더 와서 흥행에 성공했다. 아이들도 공연 갈증을 풀고 극단도 잘되니 서로 좋았다. 다만 처음 온 용솟음 단체는 수고로운 봉사만 한 셈이다. 그들이 관객 없다는 편견을 부신 덕분에 아이들이 행복했다. 문득 생각나서 검색을 해본다. 용솟음이란 극단은 없다. 진즉에 찾아볼 것을.

하려고 들면 이유가 백이 넘고 안하려 들면 그 또한 백이란 말이 있다. 극단의 극자도 모르면서 어쨌든 시작하니 되었다. 아 깜박 했다. 안전이 서툴렀다는 것을. 간밖에 없는 것이 호랑이가 아니라 나다. 아니 부은 것인가. 어찌 그리 무모했을까싶다. 천방지축이 칠팔백 명(미처 예상치 못한 숫자다) 와글와글 몰렸는데도 무사히 끝났다. 생각만으로도 가슴 쓸어내린다. 휴, 하늘도 감사하지.

망설이다가 임대광고의 번호로 전화를 건다. 신호 닿기 전 얼른 끊었다. 설혹 연락처가 맞더라도 실례인 것 같다. 그날 공연 뒤, 벽에 아이들 손 발자국이 수없이 찍혀 있었다. 미안함에 몸 둘 바 모르던 나를 웃어넘기던 새 건물주인. 수익 없음에도 2회까지 자청한 극단. 귀한 인연들께 경황없어 못했던 감사 인사를 허공에 실어본다. 잘들 계시는지요. 새록새록 솟는 고마움 전합니다.

우리는 살면서 어디서든 빚을 지고 산다. 때로 누군가를 만나는 순간이 살아갈 디딤이 되거나 서로를 성장시키기도 한다. 해보자, 마음 하나로 일을 만든 나. 공연 그날도 돕는다 했지만 가장 도움 받고 성장한 사람은 오히려 내가 아닐까. 그날의 고마운 이들에게 부디 행복이 활활 '용솟음' 치기를.

녀석들은 기억할까, 그날의 아동극을. 사랑 받았으니 사랑 아는 어른 되었으리라. 그나저나 어떻게 만나냐 묻던 그 녀석, 어찌 갚았을꼬.

용케 남아 책갈피로 쓰이는 입장권 한 장을 가만히 쓸어본다. 참 괜찮은 세상이다.

나는 여태 다대동에 산다. 동네 도서관에서도 연극공연을 하는.

너를 만나 다행이야

 호미로 밭을 매노라니 새삼 자연에 감사하다. 텃밭을 가꿔 본 사람은 안다. 여리디 여린 싹이 땅을 뚫고 올라올 때의 반가움, 겨울초나 쑥갓에서 노오란 꽃이 나와 반길 때의 즐거움을 말이다. 잎은 잎대로 좋고 꽃은 꽃대로 좋다. '모든 것은 그 나름대로 괜찮다' 생각들게 하는 식물의 모습이다.

 도시농업에 입문한 지도 십여 년이 되어간다. 나는 부산의 도시농업공동체 모임인 부산도시농업연합회의 회원이다. 연합회는 도시농업의 선한 영향력에 뜻을 두고 여러 가지 일을 한다. 지난해에는 시청 도시농업 팀의 지원을 받아 양육시설에 김치보내기, 어린이집 아이들과 김치 담그기를 했다.

양육시설이란 부모 없는 아동들을 보호하고 함께 생활하는 시설을 말한다. 예전에는 고아원이라 부르기도 했다. 부산에는 이십여 시설이 있는데 겨울 아닌 때에 김치가 더 필요하다. 주로 겨울에 김장을 하고 기부도 그때 이뤄지기 때문이다.

우리는 공동체별로 친환경 배추를 키웠다. 부산 내에서도 지역에 따라 배추성장이 달랐다. 겨울용으로 주로 키웠고 봄배추를 키워본 적이 없어서 재배에도 품이 많이 들었다.

수확만 하면 모든 게 잘 될 줄 알았는데 아뿔싸 일이 생겼다. 대량으로 수백포기를 절이다보니 속잎 끝이 갈색으로 변한 것이 가끔 눈에 띄었다. 깜짝 놀라 수소문하니 날이 더워 그런 것이라 한다.

김장을 겨울에만 했으니 하루 절여서 이튿날 담는 것을 예사로 생각했다. 한데 6월의 따뜻한 날씨를 예상치 못한 것이다. 먹거리를 다루는 일은 매사에 조심해야 한다. 모두의 두레로 부랴사랴 배추를 확인하느라 일이 몇 배로 많아졌다. 김치를 잘 버무려 차에 그득 실어 보내니 흡사 자식 혼수 보내는 마음이랄까. 우리가 담근 김치를 아이들이 맛나게 먹는다는 말에 그날의 고단함도 날아갔다. 그래 맛있게 먹고 튼튼하게 자라라.

김치 담그기에 참여한 어린이들 또한 우리를 즐겁게 했다. 김치를 쭉 찢어서 주면 아기 참새처럼 받아먹는 모습에 웃음이 절로 났다. 김치 담그는 체험을 하니, 평소에 김치를 먹지 않던 아이들도 신나게 먹었다.

버무린 김치를 들고 환히 웃는 개구쟁이들. 제가 만든 김치를 자랑하느라 빨간색 양념 그림이 얼굴에 그려져도 마냥 즐겁다. 앞으로도 쭈욱 김치 잘 먹는 아이 되거라.

다시 해가 바뀌어 이번에는 방울토마토에 도전했다. 토마토 화분을 나눔 하면, 양육시설 아이들이 들며나며 따먹고 마음의 허전함도 달래겠지. 토마토쯤이야 늘상 하던 것이라 쉬이 여겼다. 하지만 세상에 쉬운 일은 없다. 이번에는 날짜가 문제였다.

계획을 세울 때, 선거관리 규정을 염두에 두지 못했

다. 모든 날짜가 선거일 뒤로 엉거주춤 미뤄졌다. 준비한 모종을, 옮겨 심어도 끄떡없도록 하나하나 포트에 담고 조심조심 물을 주며 기다렸다. 모종 수량이 많다보니 물주는 시간이 길어서 당번을 정하여 아기 돌보듯 마음을 다했다.

화분과 상토, 완효성 비료를 싣고 양육시설마다 나누었다. 화분마다 상토 10kg가 들어가니 화분도 컸지만 상토도 예사 무게가 아니었다. 시설이 작은 곳은 몇 군데 시설이 모여서 나누고 아이들이 많은 곳은 전날에 재료를 옮기고 이튿날에 가서 모종을 심었다.

ㅅ보육원은 수백 평으로 넓어서 원하는 곳에 화분을 놓아주고 재배교육도 하였다. 하필이면 비도 부슬부슬 내려 비를 맞고 일을 했다. 본래 농사는 비 맞고 하는 것이라며 즐거운 마음으로 웃었다. 하기야 추억 속의 내 할머니도 '가죽* 밑에 물 안 드는 법이여' 하면서 부슬비 속으로 호미 들고 나섰다. 벌레라면 기겁을 하던 손녀가 농부가 된 사실을 알면 믿으실까나.

한 꼬맹이가 토마토가 '정말 열리냐' 묻는 말에 '그럼

열리고말고' 대답할 수 있어 기뻤다. 토마토가 제대로 자라도록 거름에 특별히 신경을 썼다. 토마토가 주렁주렁 열릴 것이라는 말에 아이는 토마토보다 빨간 웃음을 웃는다. 아, 토마토 하기 잘했다.

화분 나누고 한 달 뒤쯤, 지지대를 손질하고 순치기를 돕기 위해 양육시설을 방문했다. 모두들 초록 방울이 조르르 달린 모양에 눈을 떼지 못한다. 도시농업이 제구실을 한 것 같아 내내 뿌듯했다. 순치기를 돕던 날, 일일초와 천일홍을 소복소복 심어 홍자색 고운 길도 만들어 주었다.

부모 없이 시설에서 생활하는 마음을 어떻게 헤아릴 수 있을까. 일일초 꽃말은 즐거운 추억이라는데 그와 자박자박 걸으며 고운 추억 한 토막 쌓이면 좋겠다. 얘들아 꽃길 속에서 씩씩하게 자라라.

도시농업은 나의 일상에 빠질 수 없는 무엇이다. 불퉁대며 끓는 마음도 호미질에 솎아내고 기특하게 돋는 어린 싹에 시름도 지운다. '겨울을 나지 않은 씨앗은 싹이 잘 트지 않는다'. 고난이, 싹을 틔울 거름이라 생각하면 삶을 돌아보는 마음도 수월해지려나.

달큰싸름한 상추, 고소하고 시원한 배추. 채소의 맛 따라서 쓰임이 다르듯 살아온 삶의 맛도 그렇지 않을까. 다른 그대로 좋은, 남다른 맛이다.

모든 자연은 선물이며 자연 안에서 모두는 동등하다 한다. 지구는 '자연이 선물인 세상', 모든 존재가 선물을 받는 곳이란 말에 가슴이 저릿하다. 주고받는 일에 쓸모없는 풀이 없다.

저마다 다른 몫을 하는 식물을 보며 나 자신도 소중한 일원임을 텃밭에서 배운다. 내 인생에 찾아온 도시농업이 새삼 고맙다. 그로 인해 내 삶이 풍요롭고 너그러워졌다.

노랭아, 오늘 하루 어땠어? 꼬마 해바라기 같은 노란 쑥갓 꽃에게 말을 건넨다. 도시농업이 주는 일상의 재미, 따뜻한 하루다.

*가죽 : 사람의 피부를 낮잡아 이르는 말

바보들의 셈을 위하여

 밥솥은 고장, 수돗물은 끊겼다. 방은 정전으로 얼음장이고 연락할 전화기는 불통이다. 기계들이 파업했다. 기계와 편히 살았지만 한순간에 그만큼의 불편을 초래했다. 밥을 못해 굶주렸고 물은 구할 곳도 모른다. 날선 추위에 떨지만 방법이 없다.

 주소를 모르니, 전화가 없으면 연락 불가능이다. 손발이 묶인 듯한 절망감에 공포로 발버둥친다. 순간 눈을 떴다. 꿈. 꿈이라서 정말이지 다행이었다. 하 막막해서 다시 생각하고 싶지 않다.

 곰곰이 되새기니 현실이 더 꿈같다. 이십여 년 살던

집을 낯선 마음으로 둘러본다. 그럴 수 있겠다. 꿈이 꿈으로 그치지 않고 현실이 되는 일 말이다. 전기밥솥, 보일러, 전자레인지, 에어컨, 전화기. 익숙한 기계와의 동거가 예사롭지 않다. 저들이 멈추면 어젯밤 꿈처럼 되리라. 무심히 넘겼던 영화 장면이 떠오른다.

<설리, 허드슨강의 기억>은 2009년의 실화가 영화의 소재다. 이륙 직후 갑자기 나타난 기러기와 조류충돌로 거대 비행기가 무용지물이 되었다. 더불어 155명의 목숨도 흔들렸다. 이후의 208초는 많은 이의 생명을 건 모험의 순간이다.

영화는 실제로 허드슨 강에 비상착륙을 한 체슬리 슐렌버거(영화 속의 설리)의 이야기를 담담히 풀어냈다. 비상착륙이 최선의 선택이었다는 기장과 최적의 효율을 계산하는 컴퓨터 시뮬레이션이 맞부딪쳐 법정에서 다툰다.

모든 기계적인 수치는 파악되었지만 측정이 불가했던 한 가지가 있었다. 설리 기장의 인간적인 판단력은 컴퓨터 수치로는 해결할 수 없는 일을 해냈다. 비상착륙 성공이다.

영화 <아이로봇>은 로봇이 상용화된 미래세대 얘기다. 진화되는 컴퓨터인 비키는 다른 로봇을 조종하며 인간을 통제한다. 비키를 제어할 수 없게 된 래닝 박사. 사건 해결을 위해 목숨을 내놓고 유언을 은유로 남긴다. 은유는 로봇이 이해하지 못하는 사람의 언어다.

해결사로 등장한 주인공 스푸너는 로봇을 불신한다. 그는 교통사고로 12살 사라와 같이 물속에 빠진 적이 있다. 건장한 성인인 그와 소녀의 생존가능성은 45%와 11%였다. 판단시스템에 의해 효율적 선택을 하는 로봇 구조대. 소녀부터 구하라는 스푸너의 절규가 먹힐 리 없다. 소녀는 죽었다.

생존 확률이 1%였어도, 인간은 소녀부터 구한다며 로봇을 배척하는 스푸너. 그는 로봇 폭동에서 사람들을 구한다. 하지만 그 과정에서 어쩔 수 없이, 진화된 다른 로봇의 도움을 받아야 했다. 영화는 물음 가득한 긴 여운을 남긴다. 가까이도 멀리하기도 힘든 인공지능 AI.

기러기 떼로 인해 첨단 시스템이 무용지물이 된 순간. 설리 기장은 인간의 직관과 감각으로 비행기를 수동으로 조작한다. 208초 안에 모든 것을 수정하고 실행했다. 능률과 합리성의 로봇시스템보다 더 빨랐다. 비행기가 허드슨 강에 불시착했을 때 득달같이 달려온 배. 구조를 위해 너도나도 위험 무릅쓰고 모여든 사람들. 프로그램 없이 작동되는 인간의 계산법이다.

<아이로봇> 속의 래닝 박사도 가장 사람다운 방법으로 로봇 반란을 제어한다. 자체 진화되는 로봇을 이길 방법이 없자 그는 모두를 위해 자신을 희생한다.

스스로 목숨을 버리는 상황을 로봇은 절대 예측하지 못했다. 함께 한 공감의 시간과 사람다운 사랑 방식 그리고 은유, 로봇은 계산할 수 없는 인간의 세계다.

기계문명의 발달은 인간을 감시하고 통제한다. 나의 모든 순간이 삼류소설처럼 읽힌다. 심지어 사람의 진실 유무도 기계가 판단하고 인간만의 놀이라는 바둑도 인공지능이 더 잘 하는 현실이다.

사람을 위한 기계였지만 이제 기계 없이는 사람이 사.람.답.게 살지 못한다. 사람 자신의 의식주 해결은 풀지도 못하는 난제가 되었다.

세상의 기계가 제대로 작동하지 않는다면? 당장 오늘 나의 배설물부터 스스로 처리해야 한다. 해결할 방법을 모르니 세 살 아이와 다를 바 없다.

스위치만 누르며 살아서 무엇 하나 처리 할 줄 모른다. 효율로만 따진다면 이 시대 만물의 영장은 인간이 아니라 기계인 듯싶다. 기계에 의존할수록 사람이 되레 고장 난 기계 같다.

토요일 저녁. 한참을 기다려도 웬일인지 밥이 늦다. 주방에 가보니 밥이 벌써 되어있다. 전기밥솥의 알람센서가 고장인가보다. 배가 고프고 시간이 지났는데도, '취사가 완성되었습니다' 알람 소리만 기다리다 밥 때를 놓쳤다. 이런이런. 꿈속의 내가 떠오른다.

꿈을 깨며 현실로 돌아오고 싶다. 적어도 사람에 관한 일은 사람이 판단하고 결정하는 세상이면 좋겠다. 상황 판단이란 로봇보다 인간에게 적용되어야 하는 말이다.

'과하지도 모자라지도 않는' 이 모호한 경계를 기계와 사람 사이에서 지켜내는 것은 인간의 숙제다.

목숨을 걸거나 목숨을 버린 사람 설리와 래닝. 효율이

목적인 로봇은 이해할 수 없다. 1%의 확률일지라도 12살 소녀부터 구하는, 그 무용한 셈도 인간만이 할 수 있는 일이다.

무용한 계산들은 기적이라는 이름으로 세상의 빛이 된다. 기적은 효율성을 내려놓는 바보들이 품어낸 진주다. 희생과 헌신 보람 가치 등은 바보들의 언어다. 바보는 인간의 셈으로 세상을 산다.

기계화 세상에서 바보 인간의 느린 영혼은 별이 되고 길이 된다. 바보들의 셈법, 빼기와 나눔은 인간을 인간이게 하는 철학적 사유다.

오늘도 별은 지지만 인간의 셈은 깊고 먼 응시로 살아 숨 쉰다.

어디선가 묵묵히 머무는 '설리들, 래닝들'로 인하여.

3부

그대가 그립습니다

그래, 그래라

 마음이란 무엇인가. 나는 아직 이 오묘한 질문의 답을 모른다. 살며 마주치는 질문에 시행착오는 피할 수 없다. 제 역량껏 사랑해도 상대에게 어찌 닿을지는 누구도 모른다. 정답을 몰라 헤매지만 그래서 삶이다. 그래서 사람이다.

빈이를 기다리고

 어린이집 등원 첫 날. 빈이는 3분마다 화장실을 갔다. 소변을 누기보다 마음이 불안한 것이다. 온종일 화장실을 들락거린다. 동화를 듣다가도 밥 먹다가도 놀이 중에도 계속되었다. 가장 관심이 필요하지만, 관심 없는 듯 대했다. 지금 필요한 건 스트레스의 최소화. 언제든 화장실에 보내는 것만이 최선이다.

보름이 지나자 소변을 참는 시간이 조금씩 늘어나기 시작한다. 드디어 10분을 넘기고 20분이 되었다. 우리 모두 기뻤지만 내색치 못했다. 다만 '그래라' 할 뿐이다. 간섭의 말을 꾸욱 참고 무심한 듯 지내기. 쉬운 듯해도 결코 만만치 않다.

어느 순간 화장실 가는 횟수가 늘어나고 소변 간격은 빠르게 줄어든다. 다시 온몸으로 불안을 나타내는 아이. 나는 엄마에게, 이유가 있다면 그건 집이라고 단호하게 말했다. 처음처럼 되는 현실에 놀라서 솔직하게 털어놓는 엄마다.

그동안 너무 힘들었단다. 외출 시에도 현관 키를 잠그면 마려운 것이다. 어떤 때는 차가 출발하면 마려워서 다시 오고. 그런 날이면 아이를 염려하는 마음에서 자꾸 가르치려 든다. 답답한 마음 넘치니 외출은 취소되고 아이는 주눅 든다. 소변 하나로 인해 생활이 뒤죽박죽이었다.

부부사이 골만 깊어지는 헝클어진 날들, '함께'란 단어는 사라졌다.

그러다가 빈이가 나아지니 모두들 신이 났다. '소변에 무심하기'를 신신당부했지만 지키지 못했다. 기쁜 마음에 '조금 더 잘하자' 격려했다나. 관심이 스트레스가 되어 불안을 유발했다.

다시 번복되면 그만큼 더 힘들어진다. 속마음을 감추고 찬바람 얼굴로 말했다. '함께 노력하지 않는 부모는 필요 없다' 내가 포기할 수도 있다는 무언의 압박도 보냈다. 돌이켜 생각하면 미안하지만 그때는 절박했다. 아이가 오래 힘들까 싶어서.

새로 시작해서 15분에서 20분, 점차 참는 시간이 늘었다. 드디어 수업시간에 소변을 잊었다. 안달하던 마음에서 놓여났지만 소변이야기는 당분간 금기다. 아빠는 세상에서 부러울 게 없단다. 집안에 웃음이 늘고 무엇보다 외출이 이뤄지고 부부 갈등이 적어졌다. 엄마는 밥을 하다가도 길을 걷다가도 불쑥불쑥 감사합니다 감사합니다 튀어나온단다.

아이 마음이 편해지기까지 반년 넘게 기다렸다. '그래라' 말없이 기다리는 쉽고도 어려운 사랑, 빈이 부모는 해냈다. 소변 때문에 일상이 힘들고 자존감은 바닥이던, 여리고 장난기 많던 빈이 녀석.

눈웃음치던 개구쟁이를 떠올리면 산들바람 풀잎처럼 마음이 그렇다. 보고 싶은 걸까.

희야를 기다리다

고작 네 살이던 희야. 허벅지와 이마에 상처가 난 채로 상담을 왔다. 동생이 어리니 유아시설에서 또래와 놀리려는 엄마의 사랑 때문이다. 저를 위한 일이지만 정작 아이는 등원 차만 봐도 울고불고 발버둥쳤다. 나아지겠지 여겼는데 어느 날 온몸을 자해했다. 허벅지를 할퀴고 벽에 머리를 찧었다, 쿵쿵쿵. 아이는 스스로를 학대하며 온몸으로 저항했다. 당분간 집에서 쉬지만 멈추지 않는다.

이유는 알 수 없어도 지금, 힘든 건 사실이다. 다시 도전하는 아이, 마음이 풀릴 때까지 꼬옥 기다려야 한다. 집에서 며칠을 더 쉬고 난 뒤에 우연처럼 시설 앞을 지나게 했다. 모퉁이를 돌아 어린이집 건물을 보는 순간 아이가 긴장한다. 엄마와 헤어진 일이 떠올랐을까. 상처란 오래가는 법이니.

대문 앞에서 기다리던 나는 놀다 갈 것을 권했다. 아이는 엉덩이를 뒤로 빼며 절대 양보할 생각이 없다. 그래, 놀기 싫으면 다음에 와. 엄마는 돌아갔다. 가는 길에 과자 사줄 것을 약속해뒀다. 그래야만 내일도 외출이 즐거울 것이므로.

며칠간 문 앞에서 돌아가도 '그래라' 했더니 아이들 노는 소리에 대문 안으로 한발 조심히 넣는다. 대문과 한 몸처럼 붙어 언제든 나갈 태세다. 더 이상 들어오지 않는 아이. 이리도 재밌는데, 싫으면 관~둬라. 그냥 보냈다.

다시 사나흘 지나자 마당 안으로 사알짝 두세 발을 들인다. 여전히 엄마 옷자락을 손가락에 감아들고 놓지 않는다. '그래라' 기다릴 뿐이다.

엄마의 인내심은 무수히 시험대에 올랐다. 이제 되지 않을까요, 간간이 건네던 말. 그 물음에 답을 줄 수 없는 나. 엄마도 더 이상 묻지 않고 묵묵히 따랐다. 눈에 보이는 상처는 치료하면 되지만 마음의 상처는 보이지 않는다. 제대로 아물지 못하면 덧나서 터지거나 곪는다. 기다려야 한다, 단단히 치유될 때까지.

엄마 없이 몇 분간 떨어지는데 석 달이 넘게 걸렸다. 희야가 떨어지기 거부할 때 '그래라' 못했음이 미안한 엄마. 단 몇 분을 머물기 위해 하루도 쉬지 않고 왔다.

비바람이 세차게 불던 날, 고작 십여 분을 머물려고 동생 유모차에 비 덮개를 하고 희야와 나타났다. 엄마는 물을 뒤집어 쓴 듯 젖었다. 펑펑 쏟은 눈물을 빗물 속에 감춘 엄마, 모두를 건 정성이 고맙고 짠했다.

흔히들 말하지 않나, 안전빵이 좋다고. 마음의 안전빵은 안전선을 훨씬 넘겨야 위험하지 않다. 그 안전선은 생각보다 훠얼씬 멀리 있다. 같은 상처라도 아픈 정도는 '마음 주인' 따라 다르다. 그래서 사람이다.

드디어 마지막 관문. 하루 종일 어린이집에 있기. 한 발짝 겨우 떼는 돌쟁이 마음이나 다름없다. 엄마에게 조그만 손을 흔들며 등원 차를 타는 날이라니. 또래와 조잘대며 불안을 놓았다. 기특하다 희야. '그래라' 혼신을 다해 마음을 읽어주던 엄마는 소리 없이 울었다. '웃어야 되는데' 하며 두 손을 입에 대고 울었다.

마음이란 어디 예측할 수 있던가. 환히 뵈는 것이면 마음이 아니다. 사랑이 건너갈 때 그 느낌은 오롯이 받는 이의 몫. 받아든 사람이 '꽃이라면 꽃이고 똥이라면 똥'이다.

어디선가 방글방글 햇살처럼 피고 있겠지 나의 공주님. 희야 닮은 드라마를 보던 중에 하얀 물보라로 밀려오는 생각하나. 그래 그랬었지.

혼자서 봄볕처럼 웃는다.

강하늘, 강 하늘

 아이쿠야 내 비밀, 멋진 남자를 들켜버리다니. 더군다나 젊고 훤칠한 미남. 뭐 그만하면 혼자 좋아한들 딱히 밑지는 장사는 아닌 것 같다.

 식구들이 멀리 나온 내게 컴퓨터 비번을 물었다. 강 하늘이야. 집에 오니 언제부터 강하늘 팬이 됐는지 묻는다. 평소 연예인에 팬심 있은 적이 없는 터라 궁금했나보다. 강하늘이 누구냐고 묻는 내게, 비번인데 모른다고? 되묻는다.

 비번? 가앙 하느을? 아니 강 하늘이 얼마나 좋은데. 낙조 물든 강변길을 모르면 다대포 사람 아니지. 내말에 모두들 까르륵 웃는다. 배우 강하늘인 줄 알았단다. 그러면 그렇지. 어쩐지 이상하더라. 한마디씩 거든다. 미남 배우를 혼자 조용히 좋아하는 일은 나답지 않다나.

검색을 해본다. 강하늘. 아 경찰로 나온 영화를 본적 있다. 푸하하 누구나 좋아할 만한 인물이구먼. 그가 나온 인기 드라마를 못 본 탓에 몰랐던 게다. 유명한 그 이름을.

어스름 저녁에 강변길로 접어들면 강과 하늘의 위로는 귀한 선물이다. 마음에 겨울바람이 슴벅슴벅 부는 날이면 그리 고마울 수가 없다. 흐르는 강물 안고 익은 홍시처럼 말랑하게 노을 지는 저녁. 철새 몇 마리 윤슬타고 동동거리고 구름 몇 조각 제대로 흐르면 가슴이 저릴 만큼 곱다. 여태 그토록 눈물 나게 따뜻한 그림을 본 적이 없다.

그 모습을 보려면 딱 해거름에 강변길로 들어야 한다. 그때에만 마주칠 수 있는 귀한 풍경이다. 운 좋게 마주쳐서 길게 누운 강변길을 달리면, 짧은 듯 끝나버린 길이 아쉬워 자꾸만 뒤를 돌아본다. 운전 못하는 게 다행이다. 온전히 내 세상에 푸웅덩 빠질 수 있으니.

나의 하늘, 얼마나 멋지고 설레는지. 늘 같은 곳에 있어도 한 번도 같지 않았던 나의 강 하늘. 강 하늘이 내 곁에 있음이, 그리 멀지않은 곳에 머무름이 좋다.

한데, 말없이 함께하던 나의 강 하늘이 멋진 남자로 변신할 뻔했다. 내 말을 듣고서 웃어대던 식구들. 그냥 가만히 있을 걸. 그러면 나는 고운 강물에다 쨔잔 나타나는 흑기사까지 덤인 세상에 살 터인데.

멋진 배우 강하늘이 흑기사 되면 언제든 나타나서 적을 물리쳐주려나. 나만의 강 하늘처럼 말이다. 강 하늘에 강하늘이 덤이라니 환상적이다. 우훗, 너무 욕심내는 하루인가.

드라마에서 자폐스펙트럼을 가진 주인공이 화제다. 그이는 고래를 키운다. 고래는 주인공이 힘들 때면 어디서건 솟아올라 반짝이는 위로를 준다. 하얀 진주 같은 물보라를 일으키며 힘차게 솟아오르는 고래, 도심의 창밖에서 환상적인 유영으로 부드럽게 떠가고 때로는 불안한 지하철 위에서 함께 달려준다.

주인공이 지치고 힘들 때면 나타나는 고래는 그의 멘토이자 동무다. 그래 누구나 고래 한 마리 가슴에 품고

살 수 있지. 나도. 언제나 내편인 고래 한 마리 키워 볼까나. 아무리 생각해도 적응이 안된다. 저 잔잔한 강에 집채만 한 고래가 불쑥 솟는다니. 흐트러진 강물이 놀라겠다. 놀란 하늘이 구름 떼밀면 노을도 쨍강 금이 가겠다. 아무래도 고래는 무리다. 나의 강에는 고래보다 철새가 제격이다.

어딜 가든 그 먼 나라에서 지치지도 않고 다시 오는 나의 새. 시베리아 벌판을 가르고 산맥을 넘고 힘찬 날갯짓으로 대서양을 건넌다. 언제 어디서건 부르면 온다. 오늘도 나의 새는 난다. 강을 이고 노을을 타면서 내 이야기를 듣는다. 가만가만 허공을 가르며 나와 강 사이를 오간다.

그래, 하늘 새야 내말 한번 들어보렴. 오늘 나는 말이야….

누구에게도 털어놓지 못한 이야기, 새의 날개에 퍼뜩퍼뜩 넉살좋게 얹는다. 훠얼훨 떨치기도 하고 강가에 고이 묻기도 한다. 위로받고 싶은 날의 당신. 마음 한 편에 고래나 철새 키우시기를. 기쁨도, 저리는 아픔도 함께 하는 동무 되리니.

배추겉잎의 철학

배추를 언제부터 먹기 시작했는지는 알 수 없다. 고려시대 의서 『향약구급방』에 배추가 있는 것으로 보아 꽤 오랜 역사를 짐작한다.

한 해나 두 해살이 풀로서 노오란 꽃이 피는 배추는 김치의 주재료다. 배추뿌리는 매운 맛을 우려낸 뒤 된장에 찍어 술안주로 먹는다.

납작한 평상에 푸르름 한 묶음이 오두마니 놓였다. 스무 남짓의 배춧잎, 준비된 몸짓으로 누군가를 기다린다. '오늘 국 안 끓이는 겨?' 배추 겉잎을 권하는 가게 아줌마의 살가운 목소리다. 속잎보다 맛이 진한 겉잎은 버리기보다 먹어야 한단다. 공짜로 나누는 일에도 정성이 묻어 있다.

먹다 남긴 음식을 버리면 위생적이다. 위생적인 식당이 위생적인 일을 할 때 마음이 조오금 걸린다. 음식과 쓰레기의 차이는 순간이다. 수저를 놓는 순간. 그 찰나의 시간에 방금 먹던 음식은 쓰레기가 된다. 모든 버린 것은 쓰레기가 된다.

문득 어제 본 사진이 떠오른다. 둥글고 깊은 흑색 눈동자. 순하게 생긴 눈가에 파리가 날아들고 쫓을 힘조차 없는 듯 시선을 놓는 아이. 아이를 안고 있는 엄마는 깊은 동굴 같은 눈을 내려뜨고 맥없이 앉아 있었다. 하루에 한 끼도 먹지 못하는 아프리카 아이의 모습이다. 그들과 동시대를 살며 음식을 버리고 있다. 그들은 배추 한 잎이 없어 처절하고 우리는 남은 음식을 버린다. 위생을 지킴은 당연하다. 하지만 잘 버리는 지혜도 필요하지 않을까.

물을 아끼면 용왕이 돌보고 음식을 아끼면 하늘이 돌본단다. 내 먹거리 내가 아끼는 사소한 일에 신들이 돌본다니. 허황된 말이라며 할머니를 핀잔했는데 반 백 년을 돌아와 현실감 있는 말이 된다.

언제부터 계절을 잃은 채소들이 늘어난다. 봄 아니라도 봄나물 있고 제철 아닌 과일들이 때도 없이 들이민다. 일 년 세월을 값으로 내는 일은 옛적이고 이제 내킬 때마다 쉬이 먹는다. 쉬이 먹는 만큼 기다리는 소중함도 줄어 함부로 취하고 버린다.

할머니는 쌀 한 톨, 물 한 방울 허투루 하지 않았다. 밥상에 오르기까지, 심고 가꾸고 나르고 몇 손을 거친 뒤에 만나니 귀히 여겼다. 김장때 생긴 배추겉잎도 푸성귀 귀한 겨울에 요긴하게 썼다.

할머니와 달리 나는 식당에서 예사로이 음식을 버렸다. 값을 지불했으니 미안함도 덜 하다. 생각 없이 버릴 때는 그 일이 우리를 피폐하게 만들 줄 몰랐다. 훼손에 무심했던 나는 용왕도 하늘도 만나기 힘들 것 같다.

저장에 용이한 발효 음식은 시간도 걸리고 손도 많이 간다. 김치도 된장도 저장음식이다. 콩으로 메주를 쑤고 발효시키는 데 두세 달이 걸린다. 메주가 된장이 되려면 다시 몇 달이 걸린다. 콩 심는 일부터 치자면 근 2년이 걸리는 된장이다.

김치 또한 시간 지나며 발효가 되는 좋은 먹거리다. 갓 담은 김치는 갓 담은대로 묵은 김치는 묵은대로 쓸모가 있다. 김치나 된장에 들인 품과 시간은 결코 짧지 않다. 쓰레기가 되기는 순간일지라도.

내가 버린 음식은 내 몫이라 저승 문 앞에서 다 먹어야 한다는 할머니 얘기. 황당했지만 어쨌든 먹거리를 귀하게 여기라는 당부였다.

잔반은 미래세대와 지구에 지는 '나의 부채'다. 늦게나마 정신 차려서 잔반을 만들지 않으려고 애쓴다. 때로는 뷔페식당에서 내 접시를 그대로 쓸 때도 있다. 물도 아끼고 세제도 덜 쓰게 된다.

몇 해 전 배추 파동으로 값이 치솟자 사람들은 김치를 아끼기 시작했다. 식당에도 남기지 않게끔 소량씩 나와 음식이 쓰레기가 되는 일이 줄었다. 배추 겉잎도 웬만하면 버리지 않고 김치를 담거나 된장국을 끓였다.

부드러운 배추 속잎보다 거친 겉잎이 된장국을 끓이기에 제격이다. 오래 끓여도 뭉그러지지 않고 맛이 잘 우러난다.

김치 담고 남은 겉잎으로 국을 끓이는 것이 논란이 된 적이 있었다. 하찮은 것을 먹는다는 오해가 싫었을까. 시래깃국도 속잎으로 끓여야 한다는 논리에 반박하지 못했다. 제대로 쓰이지 못하고 내쳐진 배추 겉잎을 본다. 나도 어쩌면 실없는 속잎만 붙들고 살았던 건 아닐까.

배추겉잎은 오래 비바람을 맞아서 제일 짙푸르고 두껍다. 겪은 풍상만큼 진한 맛이 우러난다. 삶도 다사다난 울퉁불퉁 살아온 삶이 더 진한 향기를 품는다. 돌부리도 있고 웅덩이도 있는 구불구불한 길. 그 길의 깊이를 배추겉잎에서 배운다.

먹거리를 귀히 여기던 할머니. 세상을 온전히 가꾸고자 했다. 인연 따라 빌려 쓴 자리, 잘 두고 가야한단다. 남겨진 세상에는 맑은 하늘과 싱그런 웃음 넘치면 좋겠다.

음식 잔반 거두듯 삶의 잔반도 추슬러야지. 용왕이나 하늘을 만나려면 지금부터 준-비.

땅님과 꽃님 닭님 하늘님

 로빈 월 키머러, 그녀가 쓴 『향모를 땋으며』는 아메리카 원주민의 신화와 자연사를 융합한 아름다운 책이다.

 이 세상은 선물이며 모든 자연물은 인간과 동등하다 전하는 그녀. 제철 나물도 제일 처음 본 것은 캐지 않는다. 혹시 그것이 마지막 남은 한 개일지도 몰라서다. 연어잡이도 처음 사흘간은 잡지 않고 보낸다. 알을 낳게 해야 내년의 연어도 풍성하다. 자연과 인간이, 상호 존중으로 보존되는 일에 감탄하며 세상을 다시 배운다.

 어린 시절 할머니 댁에는 여러 동물을 키웠다. 소 먹이러 가면 방울 단 누렁이를 나무에 매놓고 사촌들과 칡을 캐며 놀았다. 소는 풀어놓아도 집에 갈 시간이 되면 우리 근처로 내려왔다. 염소도 마찬가지였다. 산에 대고 담배야 부르면 어디서인가 한두 마리씩 슬렁슬렁 나타난다. 염소는 담배를 좋아하니 어서 오라고 그리 부른단다. 어쨌든 나도 매양 담배담배 부르며 염소를 기다렸다.

소나 염소는 돈과 바꾸는 재산이지만 물건 취급은 없었다. 매끼 소죽을 챙기고 소가 입맛을 잃으면 아까운 콩이 달린 콩대도 먹인다. 마굿간을 지나가면 머리를 들고 움머 아는 체 하던 소. 커다란 눈망울이 순하고 맑아서 한참을 마주한 채 서 있곤 했다.

염소 또한 심심할 때 놀기 좋은 사이였다. 좋다고 건들면 짐짓 들이받는 모양을 한다. 사촌 오빠의 학비로 장날에 팔리면 한참 서운했지만 어쩔 수 없다.

어느 젊은이가 쓴 글을 본다. 그는 입대 전 아르바이트로 양계장에 근무했는데, 잠을 자지 않고 볕을 보지 않는 닭을 처음 보았다고 했다. 실려 올 때와 나갈 때- 양계장에 들어올 때와 자라서 팔려나갈 때 딱 두 번 햇빛을 본다고 한다. 그이는 한 달쯤 일하다 도망치듯 군에 입대

했다. 이후 다시는 닭을 먹지 않는다고. 굳이 닭만이 해당되는 사항일까. 소는 돼지는. 생각할수록 갈피를 못 잡고 마음만 졸아든다.

지금 사회는 치킨 한 마리가 귀한 대접이라면 웃겠지. 그깟 치킨. 하지만 예전에는 귀한 손님이 올 때에 먹었다. 연중에 닭을 몇 번 먹었는지 손꼽을 정도였으니 말이다.

큰엄마는 마당에서 닭을 키웠는데 필요할 때 잡더라도 키울 때는 '구구우' 부르며 잘 챙겼다. '오늘 니도 좋은 일 좀 하거라' 닭을 잡기 전에 말을 건네던 큰어머니 모습이 생생하다. 닭에게 신세 좀 지겠다는 마음이 담겨있다. 귀한 음식이라서 살 한 점도 알뜰히 먹는다.

거대 사회는 동물을 키우기보다 생산한다. 먹거리가 흔해지고 그 먹거리는 건강을 위협하며 반격한다. 물건 생산하듯 사육하니 빽빽한 닭장 안에서 전염병이 쉽게 돈다. 그러면 또 무차별 살상으로 이어지고. 우리의 무신경이 불편하고 두려운 건 나만의 마음일까.

살처분 담당자는 닭과 돼지를 묻은 날에는 잠을 잘 수

없었다고 한다. 구덩이에서 푸드덕거리며 사생결단 날아오르는 닭들. 수만 마리를 묻고 다시 또 묻고. 처절하게 기어오르고 떨어뜨리고. 동물들의 비명소리 가득한 살 처분 현장에 질겁한다. 그럼에도 불구하고 다시 대량 사육을 하고.

연구에 따르면 사슴, 어린 물개, 마못 새끼, 인간 아기 등의 울음소리가 놀랍도록 비슷하다고 한다. 동물들은 인간 아기의 울음소리에 심리적 감정적 반응을 보인다. 아기 울음소리에, 암컷인 사슴은 불안한 표정으로 주위를 헤맨다. 자식을 지키는 에미의 본능적인 반응이다.

인간과 동물은, 새끼의 울음소리와 보호자의 반응에서 같은 진화의 역사를 가지고 있다 한다. 먼 먼 옛날에 우리는 같은 종이었을까. 동물과 인간이 울음소리가 같다니, 마음이 걸려 한없이 가라앉는다. 다른 종의 비명소리를 외면한 현실.

2026년부터 웅담 채취 등을 목적으로 농가에서 곰을 기르는 것이 금지된다. 1981년에 시작된 국내 곰 사육 역사, 오래된 시설은 노후화되고 피부병 정형행동 등 이상 증상을 보이는 곰들도 있었다. 곰들은 40년 만에 드디어 곰으로 살게 됐다.

동물의 세계에서 생존을 위한 먹이사슬은 존재한다. 하여 어쩔 수 없이 쓸개를 약으로 쓸지라도 큰엄마 말처럼 네(곰) 덕분에 치료한다, 고맙다 하는 세계로 변할 수는 없을까.

키머러가 말한 자연 세상은 상호 존중과 돌봄의 사회다. 서로 귀하게 여기면 동식물과 자연이 잘 어울려 보존되고 재생된다. 자연을 사랑하고 더불어 사는 그들의 세계에서 자연은 선물이다. 세상은 모든 존재가 선물을 받는 곳, '자연 안에서 모두는 동등하다' 키머러가 전하는 말이다.

인디언이 식물을 이르는 말은 '서 있는 사람들'이다. 단풍나무를 그것이라 부르면 쉽게 톱을 들이댈 수 있다. 하지만 '서있는 사람들 가족'이라 생각하면 한 번 더 생각하게 된다. 식물조차 살아있음의 귀한 존재로 여기는 생각이 귀하다.

선물 받은 자연, 고마운 마음으로 돌아본다. 햇살내리

는 들판에서 쑥을 캐며 전한다. 쑥님 고맙습니다. 자알 먹겠습니다. 쑥님을 주신 땅님도 감사합니다. 햇님도 감사합니다.

독박육아 으뜸육아

 출산은 내게 살이 찢기는 고통과 빛나는 환희를 동시에 주었다. 다시 그 길을 가겠느냐 물으면 주저 없이 '예'이다. 살면서 처음 느낀 특별함이었다. 생살을 가르는 아픔과 저 밑바닥에서 오르는 저릿함은 상상을 넘어섰다. 긴 세월 동안 다시는 그런 감정을 만나지 못했다. 출산과 육아를 말이나 글로 표현하기엔 너무 운명적이다.

 살을 찢는 '아픔처럼'이 아니라 실제로 에미 살을 찢고 나온다. 차이는 있지만 대개는 아파 죽겠다 싶을 때 아이와 만난다. 고통이 끝나고 뭔가 훅 쏟아지는 느낌은 신비한 탄생의 순간이다. 눈도 못 뜨는 붉고 쭈그레한 생명을 만나는 순간, 어떤 이는 환희보다 슬픔이 앞선다 했다. 나는 그냥 먹먹해서 아무 생각도 나지 않았다.

이때부터 세상의 처음들이 연속된다. 수유도 엄마도 양육도 처음이다. 신생아 때는 수유가 잦아 밤잠을 이룰 수 없다. 몇날 며칠 잠 못 자는 일은 다반사다. 낮에 잠깐 자려 해도 그럴 틈이 없다.

아기가 아파도 의사소통이 되지 않아 묻지도 못한다. 아픈 걱정에 비하면 잠 못 자는 일쯤은 힘든 축에도 못 든다. 몸이 지친 상황에서 마음도 힘이 들어 속절없이 무너진다. 사람이 사람을 키우는 시간은 생각보다 멀고 느리게 간다.

핵가족 사회는 육아 나눔도 쉽지 않다. 현대는 대가족을 원치 않고 그리 살 수 있는 상황도 아니다. 해서 육아는 온전히 젊은 부모의 몫이다. 육아의 고단함은 말로 설명하기에 부족하다. 그래도 엄마는 모든 것을 감내한다.

독박이란 말을 생각한다. 혼자 뒤집어쓰거나 감당함을 이르는 말이다. 육아에 어울리지 않지만 어른들은 무심코 쓴다. 독박육아. 육아를 혼자덤터기 썼다는 말이다.

비록 어른들의 일이긴 하나 그 말 끝자락에는 아가가 있다. 아둔한 탓일까. 아가와 이어진다면 어떤 말이든 곱고 사랑스러우면 좋겠다.

십 년 전쯤 강원도 인제에서 양구로 가는 꼬부랑길에서 버스가 추락했다. 당일 내린 폭설로 구조가 힘들어 승객 22명은 전원 사망했다. 한 여성이 옷을 벗은 맨몸으로 보퉁이를 안고 얼어 있었다. 보퉁이를 풀어보니 놀랍게도 어린 아기였다. 아이는 살아있었다.

추운 겨울, 버스가 추락한 암흑 속에서 아가를 살리려고 옷을 벗은 엄마. 그녀가 벗은 것은 옷이 아니라 그이에게 남아있는 마지막 생이었다.

영하의 혹독한 추위에 알몸으로 아가의 생을 기원하는 엄마. 운명의 신도 간절히 원하면 들어준다 했던가. 생을 벗는 엄마의 염원 앞에서 신도 차마 아가를 데려가지 못했다.

돌아보니 아이와 함께 할 때만큼 이유 없이 행복한 적은 없었다. 누군가는 그랬다. 아이는 평생 할 효도를 돌되기 전에 다한다고. 그만큼 부모를 행복하게 하는 존재인 것이다. 오줌 싸는 모양새에, 와앙 우는 모습에 그냥 웃음 터진 것이 그때였다.

아가는 젖꼭지를 입에 물고 쭈욱 당기다가 뻑 놓치고는 방긋 웃는다. 장난을 거는 것을 보니 이제 배가 부른 모양이다. 저 안에서 지릿한 전율이 오른다. 좋아서. 이승살이 8개월째라 말은 못하지만 놀자놀자 채근한다. 이리 예쁠 수가 없다.

태어난 지 서너 달째, 그 모습이 또렷하다. 동그랗게 말아 쥔 주먹을 머리 위로 치켜들고 새근거리며 잔다. 뽀송하고 탱글해서 건들면 톡 터질 것 같다. 조그만 입을 쩝쩝대기도 하고 잠속 웃음도 빙그레 건넨다. 말랑말랑한 작은 주먹을 가만히 잡는다.

눈물이 목을 타고 열어놓은 가슴으로 흘러들었다. 내게도 엄마가 있었지. 육아의 두려움과 고달픔, 엄마를 향한 애잔함이 섞여 내렸다. 엄마에게 나도 이런 아이였구나. 나를 이렇게 키웠겠구나 폭풍 오열을 한다. 이제야 깨닫다니. 엄마 되고서야 엄마를 안다.

돌이켜보면 가슴 철렁한 두려움도 많았다. 어린 생명

의 생사가 어설픈 어미인 내게 오롯이 달렸다. 제대로 키울 수 있을까 불안함에 그 무게를 어쩌지 못하고 휘청거렸다.

누군가를 보살피는 일은 사람을 성장시킨다. 내가 남을 보살피면 어른이고 보살핌을 받으면 어린애라 한다. 하지만 육아를 해보면 어른과 아이의 경계가 없다.

아가는 경외와 겸손을 깨닫게 하면서, 보살핌도 받는다. 아가는 엄마를 어른으로 키운다. 세월 흐른 뒤 알게 된 아가와 엄마의 서로 키우기였다.

아이를 키우는 일이 세계를 키우는 일이란다. 사랑의 엄마, 까르륵 웃어대는 아가. 그들을 보며 못내 걸리는 마음 하나 조심스레 푼다. 말이 씨가 된다는 말처럼 언어는 에너지를 다루는 도구다. 상처도 위로도 말에서 비롯된다. 육아에 덧붙여진 독박이란 언어. 그 말이 전하는 에너지를 생각한다.

사랑을 배우고 나누는 일에 독박이란 단어는 왠지 어색하다. 하물며 천사 같은 아이와 연결되면 더 그렇다. 삶에서 대체 불가능한 일 육아, 혼자 도맡다니 으뜸이라

칭 할만하다. 기왕이면 독박육아보다 으뜸육아가 더 자부심 있는 말이 아닐까. 아가도 엄마도 걸림 없이 뿌듯하게 말이다.

그 시절의 나처럼, 혼돈과 걱정으로 어린 생명을 키우는 푸릇한 엄마들을 본다. 모든 감각을 아기에게 맞추고 그녀의 시계는 아가만 바라본다. 신세대답게 온라인으로 양육을 고민하고 소통하며 엄마로 성숙해간다.

하늘이 모든 아이를 키울 수 없어 대신 보낸 신. 아이가 엄마를 신이 되게 했다.

처음 겪는 지난하고 묵직한 모성의 삶. 세상의 모든 엄마들에게 경의를 표한다. 살을 찢는 고통도 웃으며 얘기하는 사람. 세계를 키우는 귀한 그대, 엄마.

멋진 당신 오늘도 파이팅!

다시 만난 알렉산드로 솔제니친

책에 허영이 많던 스무 살의 내가 보인다. 읽기 싫은 책을 붙들고 책장이나 넘기면서 어디까지 봤네 겉멋에 머물던 나.

청춘의 나는 책이 재미있었다. 사랑과 스릴, 모험과 신세계. 내가 꿈꾸는 것들이 이뤄지고 빠져들수록 즐거운 게 책이다. 헤밍웨이나 톨스토이는 재미있었지만 니체는 재미가 없었다. 그런데 묘한 자존심이 있었다. 그 정도는 읽어야 된다는. 나도 봤다 한마디 덧붙이려고 억지로 책을 봤다. 읽는다기보다 책장을 끝까지 넘겼다가 맞다.

이제 생각하니 책을 진정으로 읽지 못했다. 숱한 시간

지나 이제야 깨닫는다. 아는 만큼 보인다더니 딱 내 수준만큼 읽었다. 더 깊이 읽으려는 마음이 없었다. 이해가 안 되면 내 탓하기보다 저자를 놓아버렸다.

내가 하룻강아지 섣부른 청춘일 때 솔제니친이 노벨상을 받았다. 세월이 오래 지나 기억은 흐려도 그의 책 중에서 『수용소 군도』로 기억된다. 나는 책을 읽으면서 솔제니친을 탓했다. 숫자만 나열된 것이 무슨 노벨문학상감인지. 지성인인체 하는 그들만의 말장난이나 허세일 거라 생각했다. 어줍잖은 선문답, 그들만의 말잔치에 책값이 아까웠다.

그의 글을 제대로 읽지 못한 나. 암울한 시대, 청춘의 객기가 부린 투정이라 변명해도 그때 나의 '모름'은 부끄럽기 그지없다. 『수용소군도』는 강제수용소의 기록이다. 소련시절 강제수용소를 언급한다는 것은 추방이나 실종을 의미한다. 목숨으로 쓴 글을 내치던 무식함이라니.

읽기에 대해 사상가인 사사키 아타루의 생각을 듣는다. 읽기 제대로 하면 미칠 수밖에 없다는 그 말. 온전히 받들지 못했지만 무슨 말인지는 설핏 알아 간다. 이해되지만 이해되지 않기도 하는 아타루의 말들.

어디선가 무엇이 자꾸 걸린다. 문학이 제의라는 말, 두껍게 살아라, 근원까지 올라가보라, 고요하게 바라봐라, 간결하라, 나를 온통 들쑤셔 놓는다. 읽고 쓰는 한 행 한 행에, 자신의 생사를 거는 것이 문학이라는 그의 말에 찔려 휘청인다.

간결하게 아무 말도 없이 숫자로만 쓰인 『수용소 군도』의 갈피들이 기억난다. 그때 느꼈던 실망감이 커서(나의 무지였지만) 이제껏 뇌리에 남아있다. 솔제니친은 독자에게 그 어떤 군더더기도 없이 날카롭게 말한 것이 아닐까. 생각하라고 깨어나라고.

그의 글을 어떻게 읽을 것인지는 독자의 몫. 미치거나 말거나. 처절하다는 표현이 가벼워서 온전히 사실만을 기록한 글. 하여 진실을 마주하라 채찍질했는데 어리석은 나는 보지 못했다.

'세상에 거짓이 존재해도 놔두라. 거짓이 승리하더라도 놔두라. 다만 나를 통해서 그렇게 되도록 하지는 말라' 솔제니친의 말은 진심이었다.

라디오를 들으면서 무심히 설거지를 하는데 사십 년도 지난일이 벼락같이 나를 친다. 그때 내가 빈정댔던 수용소 군도의 숫자는, 숫자가 아니라 암흑의 수용소에서 스러져간 영혼들이었다. 동토의 땅에서 처절하게 쓰러져간 생명들. 그 영혼을 숫자로 여긴 눈물 나는 어리석음을 본다.

이어지는 라디오 뉴스, 코로나백신이 나왔다는 이야기가 들린다. 영혼을 숫자로 읽은 어리석음에다 낯선 이에 대한 동정도 겹쳐져 눈물이 흐른다. 백신이 나오다니 기쁜 일인데 저것을 제대로 맞지 못할 소외된 이들이 먼저 떠올랐다.

안 그래도 약자인 그들이 얼마나 더 주눅 들며 살아야 할까. 어쩌지 못하는 연민으로 애틋해졌다. 이제야 조금이나마 낮아져 뒷모습이 보이나보다. 나도 무지와 오만을 벗고 철이 드는 것일까.

불현듯 저 아래에서 올라오는 카랑한 꾸짖음. 나의 무지에 대한 부끄러움으로, 스러져간 영혼들에게 죄스러워 홀로 글썽인다.

몰랐던 일 얼마나 더 있을까. 제의란 말도 솔제니친을 만나기도 껄끄럽다. 무엇이 나를 잠들지 못하고 서성이게 하는지. 아직도 제대로 읽지 못하는 나를 만나는 일.

무지의 지벅거림을 벗어난 하루, 내 스무 살을 토닥인다. 그래도 다행이다, 늦게라도 보여서. 감사할 일이 많다.

멈춰라 제발

 코로나의 이별이 눈물겹다. 병원에 격리 중인 엄마를 보려고 매일 벽을 타고 오르는 아들. 병실 창 너머로 아들의 마지막 배웅을 받으며 엄마는 떠났다. 삶이 이리도 애틋한데 폭격 한방에 많은 생명을 빼앗는 전쟁이라니. 21세기에 러시아와 우크라이나가 전쟁 중이다.
 '아무리 필요한 것 같고 정당화될 듯해도 전쟁은 범죄다. 군인에게 물어보라, 죽은 자에게 물어보라.' 해밍웨이가 남긴 말이 하루 종일 나를 맴돈다.

... 겨울이 지나가는 길목

밤새 전투가 벌어지는 우크라이나 키예프에 야간 통행 금지령이 내려지고 주민들은 건물 지하나 지하철역에 대피했다. 피란 순간에도 병원 대피소에서는 생명이 태어나고 젊은 연인은 백년가약을 맺었다. 일상을 위협받는 아침, 상점은 문을 열고 대피소의 아이들은 또래들과 논다.

키예프의 아동병원, 생후 2개월 미숙아의 엄마인 나탈리야. 2월 24일 새벽의 공습 사이렌에 아기를 안고 병원 지하실로 대피했다. 신생아 중환자실의 부모도 미숙아들을 끌어안고 생명유지 장치, 산소통 등을 들고 뛰어간다. 전쟁의 시작이다.

28일, 포로가 된 러시아 부상병 파크티셰프 가족의 인터뷰가 보도된다. 그의 여동생은 "누구도 전쟁을 필요로 하지 않는다. 우크라이나도, 러시아도 아니다"며 애타는 마음을 전한다. 그녀는 아들, 형제, 남편들이 죽지 않도록 평화적 합의가 될 것이라 믿는 중이다.

전쟁이 시작된 24일은 파크티셰프의 28번째 생일이었

다. 가족들은 축하 메시지를 보냈지만 답장이 없다. 생일 케익 대신 받은 총, 선택은 그의 몫이 아니었다.

... 봄날에

우크라이나의 포위된 도시에서 6세 여아 타냐가 탈수로 숨진다. 엄마는 이미 사망해서 삶의 마지막 순간, 타냐는 혼자였다. 파괴된 집 잔해에서 발견된 타냐. 얼마나 오랫동안 고통을 겪었는지 가늠조차 못한다. 이기적인 어른들이 벌인 전쟁. 엎드려 용서를 빌 면목도 없다.

우크라이나군은 러시아 전투기를 격추하고 조종사들을 생포했다. 촬영된 SNS 영상에는 부상을 입은 채 "제발 살려 달라"고 애원하는 모습이 담겨있다. 그는 여느 조종사처럼 그저 '비행 명령을 받'았을 뿐이다.

러시아 함정 '오르스크'가 침몰했다. 오르스크가 바다에 가라앉으면서 함께 파괴된 선박 2척과 3천 톤급 연료탱크. 러시아 사람과 선박은 함께 바다에 묻혔다.

우크라이나는 러시아군 사상자가 1만 2000명이라 하고 러시아는 우크라이나 군사 시설 2482곳을 파괴했다

전한다. 생사를 넘나들며 두 나라가 감당한 공포와 절망의 수치다.

... 짙어지는 봄

우크라이나 서쪽 숲에서 스첸코 시장과 가족 등 민간인 5명의 시신이 발견되었다. 우크라이나 마리우폴 극장에서도 600여 명이 사망한 것으로 추산된다. 우크라이나인의 주검이다.

러시아의 모스크바호가 악천후와 선체 손상으로 흑해에서 침몰했다. 12000톤 규모의 모스크바함은 승조원도 500명이나 탑승한다. 러시아 사람은 비바람 속에 이승을 떠났다.

전쟁 중에도 첫 전범 재판이 열렸다. 우크라이나는 러시아 병사 쉬시마린에게 종신형을 구형한다. 자전거를 타고 가던 62세 비무장 남성을 소총으로 살해한 혐의다. 유죄를 인정한 그는 피해자 부인에게 용서해달라고 간청했다.

그녀는 분노했지만 우크라이나 아이들을 구하기 위해

쉬시마린을 러시아로 돌려보내는데 반대하지 않았다. 사람을 살리려고, 남편을 처참하게 빼앗아간 병사를 용서하는 그녀. 생명을 지키는데 필요한 것은 무기보다 용서였다.

... 여름은 시작되고

평화를 위해 무기를 지원하는 아이러니. 진정 평화를 위해 무기만이 필요한 것인지. 평화란 최소한의 피해를 위한 노력이며 승리나 패배의 언저리에는 없다. 가족 잃은 슬픔에 눈물이 강이 되어 흐르는 곳, 어디에도 승리의 자리는 없다.

전쟁의 본질은 폭력이다. '국가, 영토'란 말보다 '사람, 생명'이란 단어가 더 귀한 지구인을 소망한다. 전쟁을 반대하는 전쟁을 하기보다 '군대란 달나라에나 있음직한' 사회를 꿈꾸면 철없다 하려나.

우크라이나 돈바스 지방에서 일어난 치열한 전투.

공격과 사수. 밀고 밀리는 전쟁이란 말은 두 나라의 생명이 낙엽 지듯 스러진다는 말인 것을.

또 다른 분쟁 국가 이스라엘과 팔레스타인이 떠오른다. 이스라엘 아이들 세 명이 죽었다. 팔레스타인의 소행이라 들끓을 때 장례식장에 팔레스타인 엄마들이 조문을 온다. 애끓는 모정은 서로를 위로했다.

다른 날에 이스라엘 급진주의자들이 팔레스타인 아이를 화형 시킨다. 지난번에 아이를 잃은 엄마들이 조문을 왔다. 복수대신 용서와 위로의 눈물로 서로를 부둥켜 안는다, 비록 내 아이를 잃었지만 '남은 아이들'만은 잃고 싶지 않은 애절한 모성이 통곡했다.

전쟁이 증오를 부를 때 엄마란 이름의 사랑을 본다. 그 사랑이 숨죽여 울고 있는 지금, 무엇을 얼마나 속죄해야 할까.

전쟁은 인간을 훼손시키지만 어느 것도 해결하지 못한다. 전투 사살 진격 폭파 탈환. 피로 얼룩진 말들이 난무하는 세상, 멈춰라 제발. 전쟁을 결정하는 이는 전장의 최전선에 서지 않는다. 그들의 가족도 보안이란 이름으로 숨겨진다. 피붙이를 아끼는 마음으로 이 잔인한 세상을 돌아보면 좋으련만.

'아무리 필요한 것 같고 정당화될 듯해도 전쟁은 범죄다. 군인에게 물어보라, 죽은 자에게 물어보라' 누구도 타인의 목숨을 벼랑 끝에 세울 권리는 없다. 제아무리 선출된 자라 할지라도.

현실이 믿기지 않아 기사가 눈에 띌 때마다 나의 노트에 모아두었다. 이 글은 기사를 옮겨 쓰거나 따라간 나의 기록이다. 2월에 시작하여 10월 중순인 지금까지 멈추지 않는다. 오늘도 누군가의 사랑이 서늘한 주검이 되고 있다. 사람이 사람을 해치다니.

떠난 이가 남긴 슬픔의 파장이, 남은 사랑의 애절함이 메아리로 떠돈다. 멈추자, 우리. 어제는 역사가 되었고 내일은 선물이다.

오늘, 태양이 죽은 밤에도 빛을 모으리. 초록별의 우리는 멈추지 않으리라. 빛을 찾는 걸음을.

별들의 위문 공연

　교통사고로 119가 아들을 이송 중이란다. 달려갔더니 뼈를 다쳐서 발이 90도 돌아가 옆으로 향한다. 그리 큰 외상은 처음 본지라 시간이 어찌 지났는지 기억에 없다. 두 곳의 응급실을 거쳐 ㄷ병원 응급실에 입원했다.

　5인실인데 외과 전문 병원이라 주로 팔 다리를 다친 환자들이었다. 근처 공단의 외국 근로자들은 팔이 절단된 환자라도 혼자 덩그러니 있었다. 다른 이의 보호자가 링거줄을 들어주거나 배식을 거들었다. 그들은 사랑도 가족도 멀리 두고 돈조차 곤궁했다. 휴일이면 외국인 동료들이 걱정 가득한 얼굴로 발자국 소리도 없이 들렀다.

입원 중에 명절로 북적일 때, 애써 웃는 눈빛 아래로 숨겨둔 서러움이 서걱거렸다. 아들 또래라 엄마 된 내 마음은 시리고 짠했다.

퇴원 뒤 바빠서 입원 기억을 잊었다. 철심을 빼러 병원을 들렀을 때 문득 한 얼굴이 떠오른다. 서툰 우리말 대신에, 어색하게 웃던 누군가의 애틋한 아들. 선한 눈에 언뜻언뜻 어리던 이슬. 엄마 잃은 아이처럼 불안해 뵈던 그이는 제대로 완쾌되었을까. 신문에 외국인 고용주의 비열함이 뜨면 옳고 그름을 떠나 나는 잘못도 없이 미안했다.

쓸쓸한 겨울, 길을 걸어도 차를 마셔도 숙제 미룬 아이처럼 왠지 불편하다. 그냥 마음 내키는 대로 따랐다. 위문공연을 하자. 그 청년은 없을지라도 비슷한 사람은 있을 터. 전화를 하니 규모가 큰 병원이라 허락이 까다롭다. 공연 이유가 '즐거움'이라니 쉽사리 믿지 못한다. 병원을 찾아가서 우여곡절 끝에 허락을 받았다.

12월 4째 금요일, 산타 옷을 챙기고 떡을 주문하고 과자와 사탕을 마련했다. 첫해는 서툴렀다. 층마다 3곡을 공연했는데 첫 곡은 관객이 거의 없다시피 했다. 노래 듣고 주섬주섬 나오면 3번째 곡이 끝나기 일쑤였다. 우리는 산타 차림으로 병실마다 떡을 나누며 시골 약장수처럼 오이소 오이소를 선전했다.

움직임이 불편한 환자들이라 5층까지 층층이 공연을 했다. '무조건'이나 '토마토' 노래에 손뼉 치며 흥겹게 노래를 부르는 환자들. 아들을 간병했던 도우미도 보인다. 그녀는 무료하던 차에 반갑다며 나팔꽃처럼 활짝 웃었다.

팔에 기브스 다리에 기브스 휠체어에 링거줄 목발 머리붕대 몸통붕대 온갖 외상 환자들이 모여 함께 웃는다. 나는 더 웃었다. 좋아서.

이듬해부터는 색 고운 풍선으로 크리스마스트리, 벅스버니 등을 만들어 층마다 놓았다. 얼마간 환자 곁에 밝게 머물리라. 며칠만이라도 외롭지 않기를.

공연도 진보되었다. 시작 전에 경쾌한 음악을 틀어서 고객을 모았다. 꼬맹이들이 추는 엉덩이춤에는 박장대소가 터졌다. 기특하다, 칭찬이 쏟아졌다. 어린 또래 환자가 붕대 둘러맨 팔을 치켜들고 폴싹폴싹 뛰며 웃었다. 입원 후 처음인 아이의 웃음에 엄마가 고마움을 전한다.

돌아오는 길, 쉬지 않고 한 시간 가량 뛰었으니 지칠 법한데도 생기가 넘쳐 방방 뜬다. 소란스러움과는 결이 다르다. 오늘 온몸으로 느꼈다. 환자들이 저들로 인해 행복해하는 모습을.

해냈다는 자부심과 행복감, 온갖 별들이 반짝이며 내려앉았다. '함께 하기를 공부'한 추억 한 자락 제대로 새겨지기를.

4, 5년쯤 지났을까, 병원 임원진이 공연을 마친 우리를 찾는다. 병원 로고가 들어간 머그컵과 접으면 쿠션이 되는 감색 무릎담요를 넉넉하게 선물 받았다. 즐거움이 목적이라던 나를 인정한다는 뜻일까. 그날 요 녀석들의 으쓱대는 모양이란. 생각만으로 벌어진 입 꼬리가 하늘로 나른다.

오래 하던 어린이집을 그만두었다. 이제 병원에 가지 못한다. 미안한 마음은 차일피일 연락을 미루었다. 행정실과 날짜 선정을 안했으니 기다리지 않는다는 핑계도 있다. 그렇긴 해도 제대로 해야 했는데, 마무리가 서툴렀다. 병원 사람들은 기다렸을까. 외로움 스민 그곳에 햇살처럼 반짝이던 우리들을.

깊은 동굴 속의 외로움. 그새 쓸쓸하게 물기 어리던 그 눈빛을 잊었다. 내 작은 위로가 그들에게 닿았을지. 떨어져 나간 육체만큼 마음도 시리게 베여버린, 어느 엄마의 아들. 마음이라도 온전하게 새살 돋았으면….

티브이에서, 아들을 보고파하는 먼 나라 엄마들의 눈물을 본다. 그네의 간절한 눈빛과 기도는 그리운 아들의 무사함을 빈다. 토끼 닮은 눈으로 수줍게 웃던 그이는 엄마 있는 고향에 도착했을까. 식구와 함께하는 따뜻한 명절이면 좋으련만.

뭉실뭉실 서러움 흐르던 그를 기억하고 다시 병원을 찾았음을 알기나 할까.

다시 겨울이다. 그 얼굴이 가뭇한데, 말없이 웃는 얼굴 하나 허공을 난다.

4부

그대가 보입니다

마 가입시더

 코비드19로 온종일 세상에 선을 긋는다. 듬직한 나이라 삶의 간절함도 덜하지만 바이러스 옮길세라 움츠리고 옭아맨다.

 원래 맘먹기로 이맘때쯤이면 못가 본 길을 바지런히 돌아보며 미련을 삭히려 했다. 불쑥 나타난 코비드19가 훼방꾼이다. 그 일 아니어도 다른 걸림이 없으리란 확신도 없긴 하다. 정말이지 인생은 어디로 꺾이는지 종잡을 수 없다.

 폰 하나 챙겨서 가벼이 나섰다. 대문을 나섰지만 걸음은 바다와 산을 두고 망설인다. 우신아파트 옆을 타면 해변이고, 돌아서 걸으면 아미산 입구다. 산보다 바다를 좋아해서 산책은 주로 해변인데 마음 내키면 가끔 산을 간다. 오늘은 산에서 바다로 기울다 다시 산에 가고파서 골목을 빙빙 돈다. 옹이진 마음 풀지 못하니 걸음조차 헤맨다.

바다는 한시도 쉬지 않는다. 놓지 못한 생각, 힘에 부치면 수평선을 잡고 하릴없이 줄긋기를 한다. 사그라지는 파도는 오늘 어디를 들렀을까. 일출에 끌려 맨발로 걸었던 미케비치의 그 파도도 여기 왔으려나. 바닷가 흔들그네에서 적당히 흔들리면 온갖 것들이 바다로 떨쳐지고 마음에는 새싹이 튼다. 돋아난 싹 하나 움켜쥐면 얼마간은 버틸 양식이 된다.

산을 모를 때는 바다와 달리 가만히 있는 줄 알았다. 봄날 산길에서 움직이는 산을 보았다. 종알대는 새들 사이로 철쭉은 봉오리를 틀고 길가에는 잡초들이 숨가쁘게 올라왔다. 내 집이라고 당차게 말하는 잡초처럼 산은 바삐 움직이고 있었다.

가녀린 줄기에 버틴, 노란 씀바귀 꽃이 한껏 고개 들

고 날 좀 보라 한다. 그 씩씩한 노랑에 걸메고 온 마음 녹아내린다. 그래 그냥 사는 거지 뭐. 네 말 맞다 개똥풀아 씀바귀야.

다대동의 아미산 입구 산길에는 진홍 철쭉이 마알갛게 앉아 있다. 때가 되면 수국이 흐드러지고 경사도 완만해 생각 없이 걷기에 제격이다. 자갈 섞인 흙길, 돌들이 사그락대며 얘기를 조른다.

자동차 한 대는 족히 지나는 산길 끝, 산에서 산을 만나 오르막이 시작된다. 나는 좁은 숲길이 내키지 않았다. 시간이 남으면 되돌아 걸을망정 숲에 들어서지 않았다.

중년 여자 두 명이 서슴없이 숲길로 들어선다. 문득 그 길에 호기심이 생겼다. 머뭇대는 마음이 읽혔는지 말을 건넨다. "안 가능교? 마, 가입시더." "그리 가면 어디 나와요?" 아미산 둘레길이 나오고 장림도 갈 수 있단다. 일순 마음이 풀어진다. 한번 가볼까. 다시 들려오는 목소리 "마, 가입시더". 나는 그들이 멀어지기 전에 가파른 산길을 따라 올랐다.

'마'는 '그냥'의 경상도 사투리다. 마, 그냥이란 말은 더도 덜도 없이 뜻도 조건도 없다. '마'란 걸림 없는 말에 끌려 그냥 걸었다.

인적 드문 산길에 길잡이 겸 든든한 보호자가 된 두 여인. 멀찍이 뒤따르다 모퉁이에서 사라지면 잰걸음으로 다가갔다. 솔잎 쌓여 폭신한 길에는 꽃잎이 켜켜이 내려 걸음마다 벚꽃이 피어올랐다. 오늘 횡재다! 처음 보는 연분홍 고운 길에 탄성이 터졌다.

한참을 올라 숲을 벗어날 때 그이들은 가파른 길을 택했다. 나는 망설이다 아래로 향했다. 내가 선택한 쉬운 길은 산을 돌아 장림으로 이어졌다. 아뿔싸, 너무 멀다. 이정표를 봤을 때는 돌아가기 늦어서 그냥 걸었다. 갈 데까지 가보는 거다.

기슭에 핀 개나리 보노라니 노랑노랑 물이 든다. 가다 마주친 무덤 하나 햇살 아래 누워 있다. 오랜 세월을 지낸 듯 얕은 봉분, 적당히 어우러진 풀이 정겹다.

거기 누운 이가 푸근한 할머니처럼 느껴져 잘 계시냐고 인사를 건넸다. 삶이란 이렇듯 편히 눕는 것이니 안달복달할 것 없다고 들려준다. 네. 그런데 자꾸 잊습니다.

나도 늙었나보다. 생면부지 무덤 주인과 이리 편안히 너스레를 떨다니.

철쭉 피고 진달래가 핀 산길을 노래에 싣고 하염없이 걷는다. 길의 끝에서 구부정한 소나무를 안아본다. 그리 굵지도 않아서 두 팔로 안은 손이 맞닿는다. 거칠게 갈라 터진 몸피 사이로 눈물 흐르듯 송진이 내려있다. 가만히 품고서 얼굴을 대어본다. 소나무 껍질이 볼에 닿아도 그 꺼칠함이 오히려 포근하다.

오늘 내게 위로가 필요한 줄 알기나 할까. 가만가만 내 심장소리를 들려주는 나무에 안겨 마음속 말들을 꺼낸다.

무심히 드러누운 누렁이 곁으로 다시 갈림길이 나왔다. 설마 또 그러랴, 아래를 선택하니 막다른 골목이다. 이번에도 편한 길을 택했다가 낭패다.

왔던 길을 돌아서며 피식 웃음이 터졌다. 그럴듯해도 끝은 달랐고 당초에 가파른 쪽을 택했으면 완만한 길을 만났을 터다. 쉬운 길만 선택하면 편할 것 같지만 언감생심이다. 세상이 어디 만만한 곳인가.

편한 길을 바라던 나를 돌아본다. 내 탓이었구나. 삶이란 녹록지 않은 것임을 받아들이니 마음에 봄이 스민다. 침묵을 배워야겠다. 침묵이란 세상일에 자신의 반응이 잠잠해지는 것. 되새기는 걸음이 가볍다.

드디어 장림 초입이다. 이정표 따라 딛지 않고 부러 조붓한 골목길로 들어섰다. 작은 가게들이 다닥다닥 붙어있는 시장이 어릴 적 동무처럼 반긴다.

만두가게 할아버지는 밀가루를 콧등에 이고 여전히 만두를 빚는다. 폰 안에 챙겨둔 비상금 만 원이 생각났다. 집에 올 버스비를 남긴 나머지를 털어 만두를 산다. 잊고 살았던 말랑한 여유, 만두봉지 달싹이며 가분가분 걷는다.

잠깐 나선 산책길을 긴 여정으로 이끈 것은 '마, 가입시더' 한 마디다. 바람도 들풀도 그냥이듯 삶에서 중요한 일은 그냥 온다. 오는대로 맞이하고 가는대로 두면 된다.

찌든 마음에 기다린 듯 다가온 인연. 그날의 만남은 준비된 우연일까. 동행을 권한 여인 덕분에 무거움 털고 다시 걷는다. 그냥 걸으면 되는 것. 그리 어려운 일이 아니었다.

낯선 이의 배려로 길을 택할 용기가 생겼다. 위로를 구하다가 감사를 배운 선물 같은 날이었다. 인연은 스치는 것. 누군가 머뭇거리거나 망설인다면 위로가 필요한 사람이다.

그에게 나도 한 마디 건네며, '마, 가입시더'

까치 부부와 매미

 매미 소리 요란한 여름 오후, 문득 매미가 궁금하다.

 호기심이 일면 일단 해보는 나. 다음날 일삼아 매미 소리를 찾았다. 8월 중순인 지금은 5시 30분에 주로 우는데 녀석들도 신통하다. 아무 때나 우는 것 같지만 너무 일찍 울면 매미들이 따르지 않는다. 그러다 제 시간에 울면 일제히 따라 운다. 그들만의 일상에서, 시간 멀었다고 제동 거는 듯해서 새벽에 나 혼자 신기하다.

 무리에서 첫 울음 우는 매미 중에는, 맴맴 힘찬 소리가 있는 반면 슬그머니 매아아암 매아아암 살살 우는 녀석도 있다. 그 조심성에 나도 몰래 웃음이 난다.

매미 울기를 기다려 새벽 창가에 선다. 이산 저산 멀리서 들리더니 조금 지나서 놀이터 매미가 울기 시작한다. 매미는 산 매미보다 동네매미가 늦게 운다. 나는 또 슬그머니 웃는다. 매미도 도시매미는 늦잠 자나 싶어서.

매미는 수컷만 우는데 큰 소리가 인기라니 목소리 큰 놈이 이긴다는 말은 매미에게 딱이다. 3~7년 정도 땅속 유충으로 살다가 지상에서 성충으로 1달 쯤 활동 후에 죽는다.

사람들은 짧은 생이 불쌍타지만 인간의 선입견이 아닐까. 매미 편에서 보면 엄마, 아빠는 교미 후 죽으니 천적 많은 곳보다 안전한 땅 속에서 사는 어린 시절이 더 행복한지도 모른다.

며칠 전, 거실 방충망에 매미가 한 마리 달려 있다. 죽은 듯 움직이지 않고 문을 여닫아도 꼼짝 않는다. 매미를 잘 몰랐던 나는 죽었나싶어 더 이상 관심두지 않았다.

얼마 뒤에, 언제 움직였는지 화분 아래에 누웠다. 그것도 다리를 하늘로 발랑 뒤집어서. 가까이 가도 꼼짝 않는다. 정말 죽은 겐가. 빨래를 널고 설거지를 끝낸 뒤에

보니 감쪽같이 사라졌다.

매미의 사는 법이 놀랍다. 같은 장소에서 그것도 연거푸 두 번을 속다니. 하지만 뒤집혀서 다리를 오므린 채 꿈쩍 않는 곤충을 살았다고 보기에는 그렇지 않나. 내가 많이 멍청한가. 매미에게 멋지게 한방 먹었다.

매미도 매미지만 같은 나무의 까치부부도 나에게 웃음을 준다. 한날 아침에 까치가 울기에 늘 듣던 소리려니 했다. 한데 소리가 유별나게 두드러져 귀 기울이니 묘한 간격이 있다. 흡사 말다툼 하는 사람 소리 같다.

잔소리 까치와 퉁명스레 대답하는 또 한 마리. 오늘 저 둘은 무슨 일 있나보다.

높은 톤으로 까악까악 까까까, 조금 있다가 까악 까,

간단한 저음의 소리가 들린다. 사람의 목소리로 치면 테너보다 베이스다. 약간의 퉁명함이 섞이긴 했지만.

이어서 또 들린다.

날카롭고 높은 소리 까까까가까까까! 그에 답하는 중저음 까,깍.

다시 높은 음 까악까악 깍각깍! 낮게 이어지는 짧은 소리 까~악.

갑자기 웃음이 터졌다. 영락없이 둘 중 한 마리가 잔소리하는 모양새다. 옆지기가 놀라서 쳐다본다. 느닷없이 깔깔대는 내가 이상했던 게다. 그날 우연히 엿들은 까치의 대화는 길가다가도 쿡쿡 웃게 만든다.

연이은 즐거운 상상. 오늘 까치 남편은 무슨 실수를 했을까. 새끼 먹이를 가져오다 혼자 먹었나 아님 떨어트렸나. 그도 아니면 알랑수 놓다가 들켜버렸나. 하여튼 타박깨나 들은 아침이다. 그러면 휘익 어디로 날아갔다 오는 건 아닌지.

약 오른 아내 까치는 뭘 하고 지낼까. 사람처럼 부글부글 끓고 있을까. 새들의 세상이니 그냥 새소리 한번 지르고 끝낼지도 모른다. 생명들이 사는 세상에 티각태각은 어디서나 같구나. 왠지 모를 동질감을 느낀다. 위로? 가 된다고나 할까.

갑자기 드는 생각, 내가 편파적이지 않나. 중저음이 남편까치라고 생각하다니. 어쩌면 아내일 수도 있다. 털털하고 덤벙대는 아내가 예민한 남편 까치에게 한소리 듣는 것인지도 모른다. 유쾌한 하루, 고정 관념을 거둔다.

그런데 까치는 매미의 천적이란다. 같은 나무에서 어찌 사는지. 평소에 무심히 듣고 넘겼는데 이 목숨앗이 관계가 마음에 걸린다. 고작해야 한 달 남짓이라도 그렇지. 매일을 맘 졸이며 산단 말인가.

곧 매미들이 후두둑 낙엽처럼 떨어질 때다. 그럼 나의 염려도 끝이 나려나. 아니, 아무리 그래도 사는 동안 그렇다는 건 염려거리지.

에라 나는 무식하기로 한다. 더 이상 알지 말고 매미와 까치는 그렇게 잘 살았습니다로 끝내련다. 달나라에 토끼가 없다는 걸 알았을 때 나는 슬펐으므로.

때로는 진실보다 거짓이 필요할 때가 있다. 산타가 선물 준다고 거짓말하기, 소중한 것을 깨트려도 '별거 아니야' 할 때처럼 말이다. 꼬마에게 산타는 있어야 하고 귀한 물건이 아니라야 미안함도 덜하다.

불쑥 엄마가 생각난다. 용돈이 궁한 내가 에둘러 준비물 얘기를 하면 엄마는 허리춤에서 돈을 꺼내며 혼잣말을 한다. 모르고도 속고, 아~알고도 속고… '알고도'란 말을 더 늘려서 '아~알고도'라 말하며 안다는 것을 강조하던 엄마. 제 발 저린 나는 속으로 움찔했다.

뻔한 거짓말을 하는 딱한 사정이 있다. 그럴 때면 모른 척 속아주면서 엄마에게 배운 비법을 상대에게 쓴다. 모르고도 속고, 아~알고도 속고! 웃으며 툭, 내던진 말에 그이는 뜨끔 했을까.

나이 들고야 알았다. '아~알고도' 때문에 삶이 한층 더 숭~굴숭굴 흘러갔음을.

의자 앞의 생

 햇살 몇 줌 얹은 채, 창문이 그린 네모난 햇살을 무심히 본다. 화가 짐 홀랜드가 그린 <의자>다. 의자마다 사연을 품어내는 그의 고독은 평화로워서 말없이 기대고 싶다. 홀로 있으나 들여다볼수록 따뜻하다.

 아무 말 없이 함께 있어주는 것. 고독과 다정함은 다르거나 같다. 햇살 하나 차이로.

 가슴에 머무는 또 하나의 의자가 있다. 위로는 소나무의 초록이 휘감고 땅은 가을이 적절히 섞인 갈색이었다. 빨간색 의상이 매력적인 색소폰 연주자가 숲속에서 연주 중이었다.

고르지 못한 흙바닥, 얼기설기 흩어둔 의자에 각기 다른 마음들이 얹혔다. 색소폰이 부드러운 숨으로 속삭이듯 다가왔다. 노랫말처럼 시월의 어느 멋진 날이던 숲속의 시간들. 굳어버린 내 마음을 주물대다 파삭 터뜨렸다. 의자 위에 앉아서다.

다대포 바닷가, 실종된 아이를 목메여 부르던 곳에서 의자를 만났다. 말랑말랑한 회색의자. 덩그러니 놓인 의자는 하염없이 바다를 본다. 슬픔을 두르고 곁눈질 한 번 없이 바다를 향하던 엄마, 바다만 바라보던 엄마가 몸을 가누지 못해 앉았던 의자다.

의자 가까이 섣불리 다가서지 못한다. 바람이 시려 눈물이 났다. 의자를 다시 만난 이튿날 아침을 잊지 못한다. 아이는 엄마의 바람과는 반대의 모습으로 돌아왔다. 아이가 떠나버렸다니. 나는 한동안 바닷가 의자를 놓지 못했다.

의자는 매순간 인간의 삶에 놓여있다. 평안의 시간이나 절망의 순간 어디서나 쉼이 필요할 때 찾는다. 그림 속이거나 야외 음악회, 숲속 빈터 어디건 의자를 만날 때마다 추억도 쟁여진다. 오돌오돌 떨면서 듣던 노래도 있고 파전 죽죽 찢어먹던 맛난 기억도 있다. 추억의 의자를 만나면 스치고 헤어진 기억들로 가볍고 상큼해진다.

일에 떠밀려 하동거릴 때 마지못해 참석한 음악회가 있었다. 지인에 대한 체면치레로 여유도 감흥도 없이 의자 하나를 채웠다. 장중하게 울려 퍼지던 모차르트의 레퀴엠은 쫓기듯 사는 나를 위한 연주 같았다. 죽음의 노래라지만 일상의 쉼표를 찾은 시간이었다.

귀한 위로에 마디마디 걸렸던 가시가 폭우 속의 강물마냥 쓸려갔다. 그 밤의 의자는 오래도록 나에게 위안을 주었다.

운영하던 회사가 부도나고 병으로 돌아가신 아버지. 학창시절 나의 삶은 롤러코스트를 탄 듯 했다. 사는 게 부대꼈던 나는 쉴 의자가 필요했다. 어쩔 수 없던 생활에서 할머니의 시골집은 생각만으로도 평온을 준다. 논 개구리 울음이나 뒤안의 대숲바람은 덤으로 받는 상이다.

주름진 얼굴의 합죽한 미소 안에서 힘들고 서럽던 일들은 마법처럼 사라졌다. 의자가 쉼을 주는 존재라면 할머니는 그 자체로 나의 의자였다. 몸도 마음도 쉬어가던 의자, 세상 어디에도 없는 나만의 의자였던 할머니. 그리움에 하늘 한 번 올려보면 거기 구름 사이에도 있다.

나이를 먹는 것은 때 되면 익는 뒷동산의 사과 같은 것이려니 했다. 누구나 나이 들면, 구부러진 길도 담고 마음도 곰삭힌 의자 정도는 되겠지. 그쯤이야 여겼는데 살아보니 쉽지 않다.

아직 제대로 의자가 되지 못한 나. 넓지도 따뜻하지도 못해서 말랑거림도 작다. 사과 한 알도 무수한 비바람을 견디며 익었을 터. 무엇이 되려고 애쓰기보다 그냥 있기로 한다, 의자처럼.

그래, 있는 듯 없는 듯 놓여있는 의자 하나 있었지. 부서질 듯 낡았지만 언제나 끄떡없던 의자. 엄마, 나만의 의자. 부족함이 익숙한 일상은 불편했을 뿐 슬프지 않았다. 엄마는 삶의 멍조차 꽃으로 피워, 살다보면 쉴 곳이 있다고 당신의 삶으로 들려줬다.

슬픔이나 기쁨, 추억까지도 제 나름으로 의자 구실을 한다. 삶이 익어 안락한 의자가 되는 것을. 나의 모든 시간이 의자였다.

위로의 말들이 가볍게 느껴질 때. 고요함과 적막이 위로가 된다. 짐 홀랜드의 그림이 그렇다. 고독한 듯 말이 없어도 외로움은 없다.

낡은 셔츠 대충 걸치고 물끄러미 바라보는 홀랜드의 <의자>. 아직도 온기가 남아있는 것 같아 위로를 받는다. 그의 의자에 앉아 가만히 비운다. 이제 먼 길 방랑 멈추고 나의 의자를 만나야겠다.

이승의 세월 버텨온 마음들을 줍는다. 그 겨울의 추위도 슬픔 환희 이별도 의자 되어 놓였다. 삶의 모든 순간에 의자가 있다. 삶에서 의자는 선물이었다. 햇살 드는 창가의 의자 하나 세월의 인연들께 내민다. 이제 여기 앉으시라고.

사는 것이, 그늘 좋고 풍경 좋은 데다가 의자 몇 개 내는 것이라던 그림 같은 시 한 편. 저물도록 오래 들여다본다.

꽃 양동이 이고서

꽃은 사치였다. 연탄으로 취사와 난방을 하던 70년대는 하루살기 바빴다. 양말도 기워 신고 옷은 당연히 물려 입었다. 더러 명절에 새 옷이 생기면 날아갈 듯 설레었다. 그런 사정으로 먹고 사는 데 도움이 안 되는 꽃은 쉬이 사는 물건이 아니다.

북민댁 아줌마는 꽃을 판다. 꽃이 시들지 않게 널따랗고 둥근 함석양동이에 물을 담아서 하루 종일 출렁이며 꽃을 이고 다닌다. 어스름 저녁, 양동이에 꽃을 이고 북민댁이 올 때면 꽃은 언제나 한 다발뿐이었다. 꽃다발 주인은 변함없이 엄마다.

아줌마의 허리춤에는 주름골이 날강날강 닳은 복주머니가 달려있다. 매듭진 끈을 풀어서 늘리면 '福'주머니가 열리고 마지막 꽃값이 꼬깃꼬깃 들어앉는다. 손때 번질대는 둥근 똬리를 손에 끼고 양동이 물을 골목에 좍 흩뿌리면 북민댁의 하루가 끝이 난다.

엄마는 기다렸다는 듯이 꽃을 샀다. 연탄 한 장으로 하루를 나던 시절, 알뜰하기로 소문난 엄마가 연탄 몇 곱절의 돈을 주고 먹지도 못하는 꽃을 사는 것이다.

꽃을 사는 날이면 아줌마의 밥도 챙겼다. 식은 밥이 남아돌거나 온다던 손님이 오지 않거나, 북민댁이 밥을 먹어야 될 이유는 언제나 있었다. 그럼에도 아줌마는 밥 생각 없다며 한사코 손사래 쳤다. 실랑이 끝에 겨우 밥숟가락 손에 쥐면 국에 말은 밥 한 대접을 꿀덕꿀덕 삼켰다.

식구들이 먹을 저녁밥이 처치곤란한 식은 밥이 되어 사라졌다. 그런 날이면 우리는 꽃향기 속에서 모자란 저녁을 먹었다.

나는 다대포에 산다. 외곽이라 불편하지만 마당이 좋다. 엄마가 붓꽃 몇 송이를 꼭꼭 다져서 마당 한켠의 텃밭에 옮겼다. 엄마를 닮았는지 생명력이 좋아서 해마다 싱싱한 보라색을 나른다.

자고로 꽃은 요래 보는 것이란다. 땅에 심어야 오래 가고 돈도 안 든다나. 금새 시들 꽃에 돈 쓰는 건 만고에 쓸데없는 사치란다. '꽃을 돈 주고 사면 아깝제. 오가다 눈호강 하면 되고 얻어다 키우면 되야' 아니 엄마도 돈 주고 꽃을 샀잖아 그때? 아, 그기야… 흐지부지 말이 끊겼다. 말하지 않아도 들린다. 북민댁이라서.

넉넉하던 우리 집의 가세가 기운 뒤에는 북민댁 아줌마를 보지 못했다. 집을 비우고 이사를 한 뒤로 아줌마의 양동이는 오지 않았다.

엄마는 생계를 위해 시장에서 장사를 했다. 빈털터리가 되고서도 동네를 '떠나기'보다 '그 자리'에서 꿋꿋이 다시 섰다. 엄마 말인즉 살아가며 생긴 옹이는 꽃이고 약이란다. 처음 겪는 호된 가난, 그 풍랑을 견디며 우리에게 꽃으로 피던 엄마는 더 이상 꽃을 사지 못했다.

잊고 살던 꽃을 결혼 후 다시 만났다. 괴정역 4번 출구에는 꽃 할머니가 있다. 그녀와 내가 늙어가는 동안 나이

들지 않은 것은 꽃뿐이었다. 나는 꽃을 산 적이 없지만 그이가 낯설지 않다. 퇴근길에 마주치는 그녀의 꽃이 일상의 무게를 덜어준 때문일까.

모처럼 버스를 탄 어느 날, 창밖의 그녀는 여전히 꽃을 판다. 낯선 우리 사이에서 나 혼자 마음이 들뜬다. 오는 길에 일부러 환승하며 꽃을 만났다. 꽃보다 그녀를 보고 싶은 건지도 모른다. 오래 하시네요. 처음으로 건넨 말에 빙긋이 웃으며 '수십 년'이라 한다. 보라색 소국 한 다발을 샀다.

집으로 돌아와 옥상에 올랐다. 양동이 닮은 대야에 꽃을 이고 서성거린다. 머리 위의 대야에서 물이 출렁거린다. 꽃이 팔려서 양동이가 빌수록 천천히 걸어야 출렁이지 않는다. 남은 꽃에 마음 급해도 바삐 걸을 수 없다.

밤을 넘기면 꽃이 시들어서 팔기도 어렵다. 어둠이 내리는 저녁, 땅에 붙은 양 머뭇대던 아줌마의 발걸음을 기억한다. 자린고비 엄마가 반색을 하며 반겨야 할 이유도.

붓꽃 피어도 그를 다독이던 엄마는 세상에 없다. 초록색 붓꽃 잎을 훑으며 섰노라니, 기억 너머로 엄마와 북민댁이 실랑이를 한다. 소담히 핀 '밥 꽃다발' 어둔 밤의 폭죽처럼 펑 터져 날린다. 환해진다. 붓꽃의 꽃말은 소식 사랑이라는데 서로 소식 전하며 잘들 지내시려나.

엄마는 장사를 파한 뒤면 남은 물건들을 대야에 이고 집에 왔다. 엄마도 북민댁 아줌마처럼 대야가 삶을 이어주는 무엇이 되었다. 추운 거리에서 파를 다듬고 채소를 팔던 엄마. 서툰 장사가 고달파도 하루도 쉬지 않았다.

저녁이면 젖은 옷 마냥 늘어지던 엄마가 환히 웃던 날이 떠오른다. 밥을 해놓고 기다리던 저녁, 장사를 파한 엄마의 대야에 꽃이 실려 왔다.

시장 귀퉁이 엄마의 난전에 소리 없이 놓인 꽃다발 하나. 속정깊이 다가오는 토닥거림, 어스름 저녁이 아니라 이른 아침에 누군가 다녀갔다. 서로가 서로에게 꽃이 되는 하루….

꽃다발, 머리에 이면 알 수 있다. 향기가 더 진하게 퍼지는 것을.

탁주와 와인

<브루고뉴, 와인에서 찾은 인생>이란 영화는 삼남매의 와이너리 이야기다. 집 나갔던 장남, 장이 돌아온 이튿날 아버지는 떠났다.

세 남매 각자의 유산은 땅의 3분의 1이다. 밭을 팔지 말고 와인을 만들라는 아버지의 마음이 드러나는 순간이다. 어린 시절의 자기와 조우하며 아버지를 이해하는 장. 그는 소유권을 팔지 않고 형제에게 넘기며 돈보다 와이너리를 택한다.

일조량과 수확시기에 민감한 포도는 껍질의 질이 와인 맛을 좌우한다. 사람이 아니라 날씨가 와인을 만든다

할 정도다. 포도를 가득 담은 통 안에서 맨발로 포도를 짓이기는 모습은 선사시대 제의처럼 진지하다.

사계절 날씨의 변화가 손에 잡힐 듯 담겨있다. 세세히 전하는 제조 과정의 사실감에 와인을 모르는 나도 빠져든다. 기쁨과 위로, 기다림의 순간을 말하는 와인은 인생과도 같단다.

형제간의 우애가 진하게 섞인 인생이야기, 자연의 품 안에서 사람간의 사랑도 와인처럼 숙성이 필요하다고 잔잔히 들려준다.

너른 포도밭의 잔상으로 편히 밤을 보낸 아침에 문득 탁주가 생각났다. 나의 토종 유전자는, 유리잔 속의 와인을 앞에 두고도 투박하고 칼칼한 탁주를 떠올렸다. 우리네 탁주는 농주다. 농사일 틈틈이 막걸리 한 사발 쭈욱 들이키면 힘이 불끈 난다던 사람들.

부서질 듯 얇은 유리잔이 아니라 쭈그렁 양푼이나 사기대접에 한잔 콸콸 받는다. 새끼손가락으로 저어(뭉쳐 있는 기포를 제대로 흩고) '캬-아' 소리 끝에 김치 한 조각 쭈욱 찢으면 그만이다. 정구지전이나 파전 하나 곁들이면 말해 무엇하랴.

시골 할머니 댁은 누룩으로 발효시켜 탁주를 만들었다. 단지에 잘 보관했다가 새참으로 먹거나 손님맞이, 제사 등에 술을 냈다. 엄마들은 설탕이나 사이다를 넣어 달달하게 먹었다. 요즘 흔히 보는 퓨전 막걸리의 시초인 셈이다.

서너 해 전 마금산 인근에 머물렀다. 멀지않은 거리임에도 하루를 묵은 것은 시골 어스름이 좋아서다. 사람들이 떠난 고즈넉한 산길을 어슬렁거리다 눈이 번쩍 뜨인다. 탁주와 햄버거를 파는 연구소라니. 일층은 탁주와 손수 만든 햄버거를 팔고 이층에 술 만드는 과정을 전시했다.

잘 빠진 제비 주둥이 같은 유리병에 때깔 고운 탁주가 담겨있다. 연분홍 보라 붉은색 노란색, 색색의 탁주는 투명하기가 와인을 닮았다. 각 색깔마다 손가락 두 마디 정도의 작은 시음 잔이 있다. 탄산이 강하거나 꽃향기가 상큼한 것도 있다. 호기심이 몽실그려 마음가는대로 먹어보았다.

환호했던 마음은 잦아들고 시큼털털한 탁주가 생각났다. 추억이 기억하는 탁주 맛으로 다시 돌아갔다. 할머니 방에서 낡은 담요 하나 두르고 참하게 앉았던 술단지. 거품이 거품을 이고 뽀그작뽀그작 개어 오르던 단지 속의 그 날로.

탁주는 와인처럼 오래 저장하지 않는다. 오래두면 식초가 되므로 필요한 날에 맞춰 술을 담근다. 탁주의 변신은 무죄, 순전히 숙성기간 탓이다. 숙성이 오래든 짧든 효용이 따로 있다.

와인과 탁주의 숙성이 다르듯 각자의 삶도 숙성이 다르다. 삶의 잔이 네모지든 쭈그러지든 잔에 담긴 술은 각기 다른 맛을 남긴다. 내가 숙성시킨 내 인생, 그때그때 맛이 다르다.

탁주를 마실 때면 와인처럼 입에 머금는 모양새는 없다. 말없이 들이키거나 꿀떡꿀떡 삼킨다. 술잔의 격식을 굳이 들라면 격식 없는 것이 격식일 수도 있겠다.

와인은 오래됨을 자랑하나 탁주의 자랑은 오래 두지 않기다. 남기기보다 제때 먹고 이웃도 한 바가지 퍼주고,

때로는 개도 한입 먹는 게 자랑이다.

와인과 탁주는 다르지만 같다, 술이란 이름으로. 한 잔 술에 세상사를 풀고 잔 기울여 시름을 부리는 징검다리다. 술과의 시간에는 복잡한 세상이 단순해진다. 터질 것 같은 마음도 구멍난 풍선처럼 스을슬 수그러진다.

까짓 세상 별거 아닌 것을. 맞다, 지내보면 다아 별거 아니다. 사람 사는 세상, 인생도 술도 발효되고 삭아야 제 맛이 든다.

어떻게 발효되든 술은 술이다. 어떤 인생이든 삶은 삶이다, 그대로 별미다. 제각기 다른 맛으로.

어느 날의 일기

 초등학교 시절 개학이 다가오면 가장 골칫거리는 밀린 일기다. 쓸 말도 없는데 분량을 늘리느라 끝말은 언제나 비슷하다. 무엇을 먹었다 참 맛있었다 내일 또 먹고 싶다. 무슨 놀이를 했다 참 좋았다, 내일 또 하고 싶다….
 나에게 글쓰기란 밀린 숙제의 부담 외에는 없었다. 사람은 변한다더니 중년이 되자 오래된 연인처럼 글이 다가왔다. 책을 내고 싶다는 말에 식구들이 웃는다. 설마, 하는 마음을 웃음으로 대했을 것이다.
 바삐 사느라 마음만 품다 드디어 실행에 옮겼다. 『엄마는 멍을 꽃이라 했다』 내가 쓴 첫 산문집이다. 고생하며 키운 우리, 고맙단 말도 못했는데 우리 곁을 떠난 엄마 이야기다.

미처 못 한 이야기가 산을 이뤄, 마음 한켠에 회색빛 꽃 한 송이 시들었다. 엄마 이야기를 쓰던 중에, 길을 걷다가 문득 달라진 나를 느꼈다. 미안함과 연민이 사라진 자리에 그리움이 들어섰다. 시든 꽃 한 송이 곱게 피어난다. 글쓰기가 내면에 남아있던 무언가를 덜어낸 것이다. 예상치 못했던 선물이다.

글은 내 사정을 얘기할 수 있고, 잊고 지낸 사람을 떠올릴 수 있어서 좋다. 생각해보니 얼굴 본 적 없지만 불현듯 고마움 솟는 이가 있다. 생면부지 선원분이다.

둘째가 초등학교 2학년 때 미아가 될 뻔 했다. 내가 없을 때 안경이 부러졌는데 안과가 버스정류장 앞이라서 혼자 갈 수 있다고 장담했다.

깜박 졸다가 생판 낯선 곳, 서면에서 엉엉 울던 아이. 한 아저씨가 안과에서 우리 주소를 알아낸 뒤 다대동 파출소까지 함께 왔다. 그때는 휴대폰이 없던 시절이라 내게 연락이 안 되었다.

경찰에 의하면 그분은 외항선원이고 내일이 출항이라 연락하려고 해도 방법이 없었다. 서면에서 다대포를 오가려면 서너 시간이 걸린다. 게다가 휴대폰이 없던 그때에 파출소와 병원까지 찾아야 했다.

뭍에서 마지막 날, 마지막 남은 몇 모금의 물처럼 귀한 시간이다. 그런 시간을 길 잃은 내 아이에게 모두 썼다.

가끔 어린이 실종 기사가 뜨면 가슴을 쓸어내리며 그 날을 떠올린다. 감사 인사도 못 건넨 그분도 생각나고. 어디서라도 이 글과 그분이 만난다면 좀 좋을까.

지극한 마음으로 나를 들여다보는 것이 글쓰기다. 마음을 풀다보면 스쳐 지난 사람을 만나고 때로는 나의 다른 모습도 본다.

엄마 이야기를 쓰는 것은 엄마를 만나는 일이 되고, 누군가를 생각하며 글을 쓰면 그와 만나는 중인 것이다. 이렇게 글로나마 선원인 그분에게 마음을 전하니 오랫동안 쌓였던 미련이 한 꺼풀 덜어진다.

자신을 살피기에 글쓰기만한 약이 없다. 잊힌 일들

과 사람들 그리고 그 속의 나. 글이 나를 어떻게 이끌지 알 수 없다. 남은 시간 기약 없지만 나는 또 어떻게 달라질까.

글쓰기의 매력, 일기를 쓰는 일은 나를 돌아보게 한다. 그때는 왜 그리 쓰기 싫었을꼬. 일기 분량을 채우려고 개학 전날까지 낑낑대던 나. 그럼에도 불구하고, 그 시절이 그립다. 슬며시 웃으며 어린 시절로 돌아가 일기를 써본다.

나는 오늘 글쓰기를 했다. 참 좋았다. 내일 또 쓰고 싶다(지금은 정말이다!).

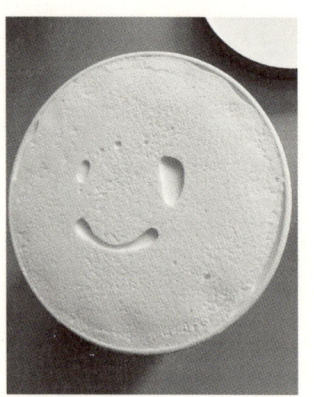

나무코트 한 벌 입고

 관에 들어가서 누웠다. 생각보다 폭이 좁아서 도로 나가고 싶었지만 체념하고 얌전히 누웠다. 관 뚜껑을 닫자 캄캄해졌다. 애써 누른 용수철 튀듯 두려움이 훅 올랐다. 어둡고 좁은 공간이 답답해 다급히 숨을 몰아쉰다. 통통통 관에 못 치는 소리, 머리끝이 쭈뼛 서며 갑갑하다. 그만하고 싶다. 그 순간 쫘르륵쫘르륵 흙 덮는 소리가 들린다. 놀란 가슴 진정도 되기 전에 나지막이 맴도는 곡소리 어이구우우 어이구우 어~이구. 두렵고 숨 막히던 마음이 털썩 내려앉았다.

 햇살에 눈 녹듯 갑갑함이 사그라진다. 저것이 내 죽음

의 소리란 말이지. 나는 영원히 듣지 못 할 내 몫의 소리다. 곡을 마치더니 관 뚜껑을 열어준다. 환히 비치는 햇살과 나를 보며 웃는 얼굴들. 산다는 것은 이런 것인가.

선뜻 죽음 체험에 동의한 나. 실제처럼 생생하게 진행해서 더 놀랐다. 행사장을 지나치다가 호기심에 신청한 '관속에 눕기'였다. 관을 '나무코트'라며 덤덤히 말하던 엄마로 인해 관에 눕는 거부감이 덜했는지도 모른다.

관은 죽음과 함께이다. 살아있는 모든 것은 죽는다. 죽음을 목격하면 상실의 슬픔이나 죽음에 두려움을 느낀다. 죽음을 겪으면 삶의 우선순위도 재정립된다.

어떤 이는 하찮게 여겼던 일이 중요해지고, 덧붙인 삶이라 생각하니 매 순간이 달라지더란다.

갑자기 끼어든 차에 흥분해서 저 놈이! 욕설하기보다 그러려니 하게 되고, 세상 얄미운 이도 따따부따 없이 넘겨지더란다. 제대로 비운 넉넉함이다. 죽음을 맛보지 못했더라면 언감생심 꿈도 꾸지 못했을 삶의 여유다. 시간을 되감을 수 있다면 아옹다옹했던 삶도 달라지려나.

죽음을 마주친 감회도 살아온 연륜 따라 다르다. 중학

생일 때 연탄가스 중독으로 갑자기 죽음과 맞닥뜨렸다. 너무 이른 나이에 만난 때문인지 죽음이 낯설었다. 쇼펜하우어의 말처럼 삶의 언덕을 오르는 동안에는 죽음이 뵈지 않기 때문일지도 모른다.

생사를 건너 이승으로 돌아왔으나 다시 얻은 삶의 절실함이 적었다. 나와 달리 삶의 언덕에 오른 뒤 죽음이 스쳐지나간 사람들의 모습은 훨씬 농익었다. 죽음 비켜간 삶이, 남은 세월 따라 달리 느껴진 것일까.

죽음도 삶의 일부라서, 이별의 순간도 삶의 시간만큼이나 기억에 남는다. 나의 마지막 모습이 남겨진 이들에게 추억이 되면 좋겠다. 눈 마주쳐서 한번 싱긋 웃어주며 떠나고 싶다. 상상에서나 가능한 일일까. 이정도면 괜찮은 소풍이니 헤어짐을 그리 섭섭히 생각 말라, 전하고 싶다. 나 역시 '나의 우리'와 헤어지고 헤어지며 살아왔으니 말이다.

말은 그럴싸하지만 적절한 이별이 그리 쉬울까. 신의 영역에 다가서는 일이니 감당할 무게 만만치 않으리라. 어디선가 본 글귀가 떠오른다. '내 삶이 내 유언이다'. 벼락같이 가슴을 쳤다. 긴 시간 함께 하였으니 말하지 않아도 떠난 이의 마음을 안다는 것이다. 제대로 살아야 할 텐데···.

죽음의 순간을 잘 마무리 하려면 죽음에 대한 자각만이 해결한다. 감아둔 실타래를 풀 듯 임종 직전까지 글을 쓰며 죽음과 동행하는 이를 본다. 풀지 못할 일, 죽음에 매달리기보다 지금 삶에 충실한 그의 얘기는 진솔하고 감각적이라 온몸으로 읽혔다.

실낱같이 이어지는 생을 견디며 삶을 얘기하는 이들도 있다. 치열하게 사는 그를 보며 하찮게 여겼던 내 삶이 귀한 선물임을 알았다. 임종이든 견뎌내든 외면하기보다 있는 그대로를 받아들인 삶이었다. '포기'가 아닌 '받아들임'이 커다란 울림으로 남는다.

내가 사는 청록빛 다대포에는 계절과 상관없이 서핑하는 이들이 모인다. 서퍼들은 미지의 파도를 설렘으로 기다린다.

'똑같은 파도는 절대 오지 않는다' 서퍼들이 많이 쓰는 말이다. 파도 없는 해변은 재미도 없고 서핑 최적지가 아니다. 오는 파도를 불평하기보다 열심히 즐기면서 타기.

파도에 뒤집혀도 다시 오르면 된다. 짜릿한 성공도 물속에 처박히는 순간도 나의 선택이다. 삶과 죽음을 맞이함이 그렇다.

삶에서 일어나는 일은 의문투성이고 뜻 모를 숙제다. 실체가 있는 육체와 무형의 영혼이 한 몸인데 육체의 소멸 뒤 영혼은 어디로 갈까. 내게 깃드는 엄마처럼 스러졌다 모이는 바람 같은 것이면 좋겠다.

한 평도 안 될 나의 마지막 집을 떠올린다. 후두둑 관 위에 떨어지던 흙 소리도. 그때 관에 누워 손을 배 위에 모아 쥐며 생각했다. '너무 좁아 불편하네, 좀 넓혀야겠다'. 순간 피식 웃음이 났다. 아 이미 죽었지.

불편도 부족함도 없는 것이 홀로 떠남, 죽음이다. 죽음 한 수 배운 날에 나무코트 입으면 그뿐, 안달복달할 일도 없다.

죽어서 이미 세상에 없는데 뭐가 걱정이냐는 말에 그냥 웃는다. 맞는 말이다. 걱정은 죽지 않은 자들의 몫. 한 세상이 닫히면 전원 끄듯이 잠자리에 들기다.

애 썼어, 이제 날~자.

R21-1040

R21-1040***는 나의 사전연명의료의향서 번호다. 하단역 7번 출구에 사하 의료보험관리공단이 있다. 나이 지긋한 담당자의 질문에 답하면서 가능한 웃으려 했다. 죽음 얘기에 애써 태연한 척 하고 싶었을까.

엄마는 늘 자는 잠에 가기를 소원했다. 당신의 마지막 길에 우리가 힘들까 염려한 것이다. 엄마 영향이 있는 것인가. 이별의 순간에 나 또한 자연스레 떠나고 싶다.

2016년 연명의료결정법이 공표되었다. 연명의료란 치료 효과 없이 '임종과정의 기간만을 연장하'는 의료행위를 말한다. 연명의료결정은 회복 불가능한 환자가 원치 않는 연명의료를 배제하고 삶을 아름답게 마무리할 자기 결정이자 권리이다.

의향서 질문이 마무리 되어갈 즈음, 공개 범위를 가족 모두라 답하며 등록증 받을 주소를 적었다. 안내판에 전자 서명을 하니 끝이란다. 아니 종이 한 장 받은 바 없이 내 삶의 중요한 일이 끝나다니. 아날로그가 아닌 전자시대란 걸 깜박했다. 나름 의미심장했던 마음에 피식 바람이 샌다. 슬그머니 입 꼬리가 들린다.

12층에서 엘리베이터를 탔다. 왠지 코끝이 찡하다. 죽음이 떠올라서가 아니라 살아온 세월이 그려진 까닭이다. 지금껏 살아온 내게 토닥토닥 격려하고 싶었다할까. 이제 또 다른 삶을 준비하는구나, 애썼다 김명숙. 잘 마무리하고 제대로 살아보자. 살아온 날들이 조곤조곤 내게 말을 건넨다. 그래 오늘은 내가 나에게 맛있는 점심을 사야겠다.

지인의 팔순 넘은 노모가 응급실에 실려 갔다. 약물을 주렁주렁 달고 의식이 없는 가운데, 일그러진 얼굴로 말 못할 고통을 표했다. 갈등과 연민 속에서 결국 집으로 모셨다. 노모는 가족의 배웅 속에 편안히 떠났다.

억지로 삶을 연장시키지 않으면 고통의 시간도 줄어든다. '치료를 위한 삶'이 아니라 '삶을 위한 치료'만큼만 하기. 피붙이끼리 실천하기는 쉽지 않지만 인간다운 삶의 품격을 위해서는 필요하지 않을까.

내 죽음이 '과정만 길어져서' 남은 이의 삶이 흔들리지 않았으면 좋겠다. 마지막까지 '카더라 명약'에 매달리다 돈도 시간도 써버린다. 사망 두 달 전에 평생 쓸 의료비의 절반 정도를 쓰게 된단다.

미국의 통계를 보면 사망 6개월 전까지 항암치료를 받는다. 삶을 정리하는데 6개월 정도의 시간을 가진다는 말이 된다. 서울대 병원 통계에서는 사망 한 달 전까지 항암 치료를 받는다고 한다. 긴 세월 정리에 한 달이 주어지다니.

환자를 위해 끝까지 노력하는 것이 도리라 생각해서 마지막까지 치료에 매달리는지도 모르겠다. 나는 그럴 때에 내게 최선을 다하지 말라고 말하고 싶다. 잘 떠나고 싶은 마음이 죽음의 두려움보다 간절하다.

인간을 비롯한 살아있는 생명들은 노화와 죽음을 비켜갈 수 없다. 2009년 77세로 세상을 마친 전 상원의원 에드워드 케네디. 악성 뇌종양으로 투병하던 그는 집에서 아이스크림을 먹으며 얘기를 나누고 평소 자신이 좋아하던 영화 <007 제임스 본드>를 보다가 세상을 떠났다. 그는 불필요한 연명의료를 줄이는 '완화의료'가 삶의 질을 높일 수 있음을 보여주었다.

나 역시 평소대로 (나도 아이스크림을 좋아한다) 살다 가기를 희망한다. 육신을 벗는 일이 쉬울 리가 없다. 드라마처럼 눈물 한줄기 흐를 수도 있겠다. 슬픔보다 작별의 언어라 여겨주기를.

서럽고 아픈 기억대신 밝고 따뜻했던 기억만을 품고자 한다. 죽음을 맞기 전에 삶을 돌아볼 여지가 생겨 감사하다. 살아 있으니 열심히 삶에 응해야지. 언젠가는 멈추겠지, 이 소소한 일상들이.

톨스토이는 말했다. 사람들은 겨우살이는 준비하면서도 죽음은 준비하지 않는다고. 우리도 서로 외면하기보다 터놓고 죽음을 얘기하면 어떨까. 사전연명의료의향서를 쓰면서 삶을 돌아볼 기회를 얻었다.

구부러지거나 돌아가던 길. 환희에 들뜨거나 후회로 밤새 잠 못 이룬 세월이 섞여 떠오른다. 죽음을 준비하노라니 까칠했던 마음이 보들보들해졌다.

하루가 모여 인생이 된다. 나는 오늘도 인생 한줄 설정 설정 엮었다.

나는 김명숙이다, 죽음과 삶 사이에 있는.

예, 하겠습니다

 '꽃길만 걸어라' 타인을 축하할 때 흔히 쓰는 말이다. 좋기는 한데 조오금 심심하고 밍밍할 것 같다. 길에는 꽃도 좋지만 개울도 있고 자갈도 있어야 제 맛이다. 꽃에 시들해지면 개울물에 발 담그고 놀 수도 있어야지. 길가의 시냇물, 자갈자갈 길들과 친구하면 먼 길도 지루하지 않다.

 꽃길을 걷기보다 누군가에게 꽃길을 만들어 주고 싶다. 길 만들기는 은근히 재미있고 숨겨진 무엇이 있을 것 같다. 푹푹, 삽으로 흙을 뜨고 철따라 내 좋은 꽃도 심고 물도 흠뻑 주며 바라본다. 돌멩이로 올망졸망 밭둑을 만들면 꽃도 편하고 내쳐질 일 없는 돌멩이도 안심이다. 그 길을 나그네가 편히 걷고 뒤이은 나도 즐거이 걷기. 생각만으로 상큼하다. 어때요 이길? 권하는 모습을 상상하면 자잘한 낙이 되어 나를 휘돈다. 그래 길을 만들자.

돌아보니 나는 변화를 그닥 좋아하는 편이 아닌 것 같다. 어린이집을 이십여 년 넘게 한 뒤, 지금은 아이들의 행동수정을 돕는다. 일을 해도 한 우물만 파고, 사는 동네도 한 곳에서 수십 년을 산다. 그럼에도 불구하고 내가 벌인 일들은, 얼핏 보면 내 일과 무관하게 사통팔달로 흐른다. 하지만 한 번도 무관한 적이 없다. 그 일들이 스쳐 지날 때 '내가 무얼 하면 되는지' 묻고 그에 답했을 뿐이다.

무슨 일이 다가오면 그를 마주본다. 그래야만 길이 보이기 때문이다. 길을 찾기 위해, 피하거나 돌아서지 않고 마주서서 무엇이든 한다. 길이 보일 테다. 하지만 못 할 이유 또한 많을 것이라 실행 여부는 내 선택, 내 의지다.

코로나가 왔을 때 백신센터에 봉사자가 필요했다. 누군가는 해야 할 일, 뉴스마다 거리두기를 외치지만 애써 외면했다. 혈압 자동 측정을 도우려면 오히려 수백 명 곁에 머물러야 한다. 장갑 낀 손은 땀에 불어서, 긴 시간 물에 머문 사람처럼 쭈글쭈글했다.

며칠을 사람 속에 부대껴도 코로나에 걸리지 않았다. 정작 내가 코로나에 걸렸을 때는 거리두기를 지키고 사람을 별로 만나지 않을 때다. 세상은 내 생각이나 상식대로 되지 않는 것을 깨달았다. 좋고 나쁨의 문제를 떠나, 인생사란 항상 뜻밖의 일이 존재한다.

『소설 토정비결』의 한 대목이 떠오른다. 역병이 사방으로 퍼져, 시체 치울 손마저 없어 버려진 마을. 살아남은 사람도 오늘내일하는 몇 뿐이다.

멋모르던 토정이 마을로 들어서는데 입구에 앉아서 꼬박꼬박 조는 나졸이 있었다. 식솔도 벌써 원귀가 됐을 것이라는 그에게 왜 서있냐 묻자 "먹고 살기 막막해서 나졸이 됐소만. 맡은 일은 책임져야 하지 않겠소? 나마저 도망가면 사정 모르고 오는 사람들이 다 병에 걸릴 것 아니오. 난 죽어도 여기서 길을 지키다 죽을 것이오" 나졸의 대답에 토정은 말했다. 저런 이의 운명은 감정 할 수도 없다네. 운명에 맞서 저렇게 의연한 이는 하늘도 비켜가는 법이지. 잔뜩 두려웠던 일행은 그 말에 용기충천해서 마을로 들어가 흩어진 시체를 불태우고 간당간당하는 목숨 몇을 살렸다.

토정의 말은 내게 깊숙이 묻혀서 움이 텄다. 또한 일상의 두려움을 이기고 운명을 마주하는 법을 가르쳤다. 운명 맞이를 배운 또 다른 이는 엄마다. 사업이 망해, 거처는커녕 하루치 양식조차 없는 빈 몸이 되었을 때 엄마는 담담히 운명을 마주했다.

'어제의 사모님'이 길에서 부추전을 부치고 야채를 팔았다. 엄마는 우리에게 무너진 모습을 보인 적이 없다. 풍자가 섞인 그럴듯한 말로 우리를 다독이며 다만 일을 했을 뿐이다.

우리에게 가르칠 것들을, 이리저리 꾸며서 들려주면 '그렇구나' 생각이 바뀐다. 그런 뒤면 원망보다 감사가 떠올랐고, 몽둥이 든 손보다 빈손이 낫다고 생각되어 위로가 됐다.

그 시절, 절망이나 두려움은 느끼지 못했다. 더 이상 떨어지기는 불가능하니 오를 일만 남은 것은 좋은 일이다. 있을법한 푸념 한 번 없이 묵묵히 일어서는 엄마도 곁에 있지 않나. 에미 닭처럼 우리를 품던 엄마가 속울음을 삼키며 힘겹게 살았음을 안 것은 나이 든 뒤였다.

벌거벗긴 혹한의 겨울과 장대 끝의 참새 같던 생활은 비현실적으로 보일만큼 혹독했다. 그 와중에도 배고픈 이웃 할머니께 국수 한 그릇 내밀 줄 알고, '악한 끝'은 없어도 '선한 끝'은 있다고 버릇처럼 말하던 엄마.

악한 일을 하면 그 빚을 갚기 전에는 끝나는 법이 업고 선한 일은 선함으로 돌아오는 끝이 있다며 '끝이 있는 삶'을 소망했다.

길거리의 '찌짐 아지매'로 딸 셋을 키워내고 낡으나마 스물세 평 한옥의 주인으로. 동화 속 얘기처럼, 마지막에 다시 일어섰던 엄마 삶의 끝. 하여 나는 토정의 저 말을 신뢰한다. 열심히 노력하면 가상해서라도 운명이 봐주는 것이라고. 운명運命의 운運자는 움직일 운이다.

예, 걷다보면 선물은 생각지도 않게 온다.
바라는 바 없이.

예, 하겠습니다

1판 1쇄 펴낸날 2022년 12월 2일

지은이 김명숙
펴낸이 서정원
펴낸곳 도서출판 전망
주소 48931 부산광역시 중구 해관로 55(201호)
전화 051) 466-2006
팩스 051) 441-4445
이메일 w441@chol.com
출판등록 제1992-000005호
ⓒ김명숙 KOREA

ISBN 978-89-7973-591-8
값 14,000원

* 저자와의 협의에 의해 인지를 생략합니다.
* 이 책 내용의 전부 또는 일부를 재사용하시려면 저작권자와 도서출판 전망 양측의 동의를 받아야 합니다.

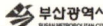 부산문화재단 이 책은 2022년 부산광역시, 부산문화재단
<부산문화예술지원사업>으로 지원을 받았습니다.